千葉周作遺稿

千葉周作像

千葉周作書簡

千葉周作墓

編者序

千葉周作の孫、私の父なる千葉之胤は、その生涯を劍道を以つて終始し、彼の祖父の武道の一端を世に傳へたのであつた。私は曾祖父の遺した玄武館に生れたのであつたが、進む道を異にした爲彼等の遺業を繼ぐことを得なかつたことを遺憾とする。

一町四方の大道場の偉容を誇つた玄武館も時代の潮流には抗し得ず、剩へ明治以來三度の火災に遭ひ、今では既に跡形もなくなつてしまつて居る。

私としては、曾祖父の遺稿を編纂出版することにより、彼の遺業を再び世に傳へ、もつて斯道に精進される諸彥の參考に資し、更に一般人士の斯道への關心を深めるよすがともなすことを得ば、地下に眠る曾祖父の靈をも慰むるに足るであらうとの、せめてもの心遣りからと、本書中に輯錄した劍道の極意等は、當時は斯道の蘊奧を極める域に達した特定の門弟にのみ之を傳へたものであるが、之を公開することによつて、現在我國が演じつゝある歷史的大事業に、本書が何等かの形に於て幾分でも寄與し得ればとの微意からの擧に外ならない。

本書には嘗つて周作の孫、千葉勝太郎氏によつて出版された『劍法秘訣』と義弟小谷貫君によつて蒐集された他の資料とを輯錄して一卷とした。

又題簽は高野佐三郎先生の筆になるもの、記して特に深甚の謝意を表する次第である。

昭和十七年二月十一日

千葉榮一郎識

目次

剣法秘訣

剣術物語

屠龍餘技

附録

寫眞

千葉周作肖像

千葉周作自筆書簡

千葉周作墓

見返し

傳書の一部

剣法秘訣

北辰一刀流開祖　千葉周作述

第一　劍術初心稽古心得

○劍術初心の內は、稽古に理非善惡の沙汰は、餘り深くは入《い》らぬものなり、唯師の敎へに隨ひ、稽古數をかけて、一心不亂に稽古すれば、自然と妙處に至るものなり、佛道に於て唯一心に念佛を唱へよ、念佛を申せよと敎ふるは、念佛をさへ唱ふれば、自然と惡念は消え失せて善心となり、極樂へ行かるゝとのことなり、劍術もそれと同理にて、稽古數かゝりさへすれば、自ら美妙の場に至るものなり。

○一刀流に「打たれて修行する」と云ふことあり、右は全く打たれて稽古になると云ふには非ず、出來難き業を色々となせば、其の業の熟練せぬ内は、人に打たれ、突かれして始終勝負口惡しきものなり、斯く勤め難き處を勤め勤めて稽古せねば、業《わざ》の美妙に至ることなく、上手功者の場に進むこと難し、故に打たれて修行するとは云ふなり。

○余の同門に白井亨と云ふ人あり、此の道殊の外達者にて、其の日の出席人、假令へ二十人三十人ありても、大抵《たいてい》二た通りは稽古せし人なり、兎角箇樣になくては、人の上に立つことは六ケ敷きものなり、中庸に人一度すれば己れ之を百度す、人十度すれば己れ之を千度すと云ふ處なり。

○稽古前、食事は成るたけ減少すべし、余の以前相撲稽古に行きたる節、力士等の食事する樣子を見るに、先づ中椀に薄き粥二杯より多くは食せず、人目を忍びて多く食せしものは、相撲稽古にかかりて、息合ひ早く弱り、中々人並の稽古出來かぬるものなり、劍術も是れと同じ事にて、身體自由ならず、且つ稽古數多く出來ぬものなり。

天神眞楊流柔術の開祖磯又右衛門氏は、寒稽古中、入塾生へは粥を食することも禁ぜられたり、唯水二三升の中へ、白米一二合ばかり入れ、おも湯と云ふものに成して、夫れを一椀づゝ食することにて、二椀とは食することは成らぬ定めなり、夫れにて四時間餘も柔術は勿論、組討の修業數十度をなすこと故、最初の中は身躰疲勞を覺ゆれども、斯くせねば大に腹部を傷ふよし常々敎諭せりとぞ。

○三段の稽古と云ふことあり、大抵三段の間合ひの意に同じ、併し我れより上達の人に掛かりては、迚も及ばぬことゆゑ、すたりすたりて、打ち突《つ》かゝるにも構はず、十分に業を盡くし、必至に働きて修行すること專一なり。

○稽古中息を入るゝ内には、能く能く人の稽古に目を付け、善き業をなしたる時には感じ、我れも此の如き業を爲すべし、箇樣なる事を爲すべしと心掛くべきことなり、如何樣なる初心ものにも。時によりては善き業あるもの故、能く氣を付けて人の業を盗み取り、修行すること專要なり。

○平日の稽古に、我れより下手《したて》を遣ふことは甚だ惡しゝ、兎角自分より上手《うはて》なる者を撰みて修行すべし、併し業をならすには、下手にて稽古するを善しとす。

○劍術に左足を蹈み据るは、甚だ惡しきことなり、進退自由ならずして、器用の働きは成らぬものなり、若し箇樣の人あらば試めし見るべし、極めて無器用のものなり。

之をしもく足と云うて、甚嫌ふ足蹈みなり、若し門人中此の癖あらば、早く教諭すべし、此の足蹈み癖付きては、容易には直らぬものなり、初心の內少しも早く直すをよしとす。

○同流稽古中に撰り嫌らひ致す者あり、箇樣のものには迚も劍術の上達は六ヶ敷きものなり、決して左樣なことなく、相手六ヶ敷く、難劍《なんけん》なるもの、又は向ふ達者にて、自分の手に合ひ兼るものは、外々の者よりは數掛け、一日中に二度も三度も繰返し々々々、勉め勉めて稽古すべし、後ちには甚遣ひよく成るものなり、故に撰り嫌らひは、稽古上達の大害と知るべきことなり。

○目當は成る丈け大きく付くべし、諺に棒ほど願うて針ほど叶ふと云ふことあり、兎角目あては甚大事なり、先づ昔の名人上手と呼ばれたる人を目當に致し、又當時の上手達者なるものを目當にして、夫を打ち込み、打ちすえ、日本全國の劍家《けんか》を打ちしたがへ、天下の一人、劍聖と呼ばるゝやうにと心掛けて、修行すること肝要なり。

○稽古に誂へをして遣ふと云ふことあり、右は人の稽古を見て、此の人は箇樣の處に得手あり、彼の人は斯くする癖のあると云ふことを、能く能く見覺え置き、其の人と立ち合ふときは、其の得手を外づし、或は受け、又は切り落して、全勝を得るやうにすべし、能く氣を付けて見覺え置くを善しとす。

○余年來門人を試めし見るに、手の內堅きものは、多くは無器用にて、器用のものは少きものなり、先づ太刀《たち》の持ちやうは、第一小指を少しくしめ、第二紅さし指は輕く、第三中指は猶ほ輕く、第四人さし指は添へ指と云うて添ゆる計りなり、箇樣になくては、敵に強くは當らぬものなり。

○余塾生共の樣子を見るに、何れも一向に修行慾と云ふものなき模樣なり、余の修行中には、大に其の慾ありし故、今日に至て諸子に稽古心得かたの咄しを致すやうに成りたることなり、兎角藝道には慾と云ふもの有て宜しきことなり。

○平日の稽古には、業を種々致して、何一つ出來ぬと云ふことの無きやうに手練すべし、扨すたることを要《よっ》とす、捨たつて業を色々致し、其の上負るとも是非に及ばず、右の如く何ほど負るとも、少しも構はずに修行せねば、業の美妙に至ることなく、上手名人の場に進むことかたし、相撲なども業を色々致して負るとも、決して弱きとは致さぬよし、劍術も其の如く、業を種々致して負るとも、決して耻づべき事にもあらず、忌むべき事にもあらず。

○韜を持ちて立ち合へば、直ぐに切先にて向ふを責め、出れば突くぞ、打つぞと云ふ氣を持ちて、遣はねば成らぬことなり、兎角切先いらつく樣にきかねば、向ふは少しも恐れぬものなり。

○當流に「稽古中氣は大納言のごとく、業は小者中間の如くすべし」と云ふ敎へあり、甚だ面白き意味なり、勘考すべし。

第二　一刀流秘事

○一刀流劍術元祖伊藤一刀齋より傳はりたる組太刀は佛捨刀、刄《は》引《ひき》、相小太刀、表の組は越身までにて、傳書は本目錄、皆傳の二つなり、其の門人小野次郎右衛門忠明に至て、小太刀の組太刀五本増加せり、傳書は初目錄、かな字等なり、右初目錄は一刀齋の時代には、稽古場に張り置き、平生門人に示したるよし、忠明に至て目錄と唱へて傳書に致したるなり、當時本目錄と唱ふるは、一刀齋の初目錄のことにて、本目錄は當時皆傳の節渡すことに成りたり、二代目次郎右衛門忠常に至つて、組太刀の切落《きりおとし》、同二本目、寄身、開の四本を發明せり、三代目次郎右衛門忠於《たゞより》に至て合双《あひは》、張《はり》の二本を發明す、右一刀齋より忠於まで四代に至て、當時の組太刀全備せり。

組太刀とは諸流に形と唱ふるものなり。

○小野派一刀流傳授の次第左の如し。

小太刀
刄引
佛捨刀
目錄
かな字
取立免狀

本目錄皆傳
指南免狀
右の如く八段《だん》に定まりたるを、余が北辰一刀流の開祖となりてより、
初目錄
中目錄免許
大目錄皆傳
の三段に減少せり。

○伊藤一刀齋劍術の極意無想劍の場を發明せんと、多年苦心せられたれども、容易に其の妙旨を得られず、依て神明に依賴し、神諭を蒙らんことを祈願し、相模國鎌倉鶴ケ岡八幡宮へ七日七夜參籠せられしに、滿願《まんぐわん》の夜に至ても、更に其の告げなく、既に神前を引き取らんと思ふとき、何者とも知れず一刀齋の後ろに忍び寄るものあり、一刀齋を打たんと思ひしにや、又は神前の物を取らんと思ひしにや、一刀齋其の足音に驚きて振り返り見れば、怪き體のもの一人イみ居たるゆゑ、其の儘言葉をも掛けず、拔き打ちに拂ひ、二つに爲して引き取り、遂に神明の告げに預からずとなり。後

此のことを門人に語らるゝやうは、我れ往年八幡宮參籠の節、誤て人を殺害致したる事あり、爾來倩《つら》つら其の事を考ふるに、是れ則ち無想劍なるべし、如何となれば我れ振返り見て、何の思案分別もなく、目に遮ぎるや否や、其の儘拔き打ちにせしなり、是れ全く劍道の極意無想の場なるべしとぞ。

○小野派一刀流にて、最初の組太刀「一つ勝、切落の意味」一本發明すれば、今日入門したる者にも、明日は必らず皆傳を渡すべしと申し敎ふるなり、是れ甚六ケ敷きことの樣なれども、矢張一心一刀の處にて、切落すと共に敵にあたるの意、受けると直に當るの意にて、二心二刀にならぬ事を申したるのみの事なり、一刀流と名付けたる處の意味これなり、能々自得發明すべし。

○往古劍術の皆傳は、門下傑出の者一人に限りて渡す古法なりしゆゑ、一刀齋も一人へ一刀一卷の書を傳《つた》へんことを欲すれども、門下に次郎右衞門、善鬼と云ふ兩人の名人あり、然るに次郎右衞門忠明は淸潔の人なり、善鬼は甚心正しからざるものゆゑ、竊に忠明へ無想の意を傳へ、下總國小金ケ原に於て兩人を呼び寄せ、一刀齋云はれけるは、此の度其の方兩人の内一人へ皆傳を渡すべし、然るに何れも蘊奥を極め、互に劣らぬ上達なれば、如何とも爲すべき樣なし、依て兩人此の處に於て眞劍の勝負をなし、打果したる一人へ皆傳を渡すべしとのことなり、兩人は之を聞きて大に勇み、双方とも眞劍を以て戰ひたるに、遂に善鬼は忠明に打たれたり、一刀齋是れを見て大に喜び、長光の作、瓶割りと名付けし名刀、并に一卷の書を小野次郎右衛門忠明に傳へしと云ふ。

下總國小金ケ原に塚あり、其の上に松の古木老ひ繁れり、これ即ち善鬼の塚なり、土人その松を呼て、善鬼の松と唱へり、又瓶割りと名付けたる一刀は、或る夜一刀齋の住處へ盜賊忍び入りたるを、一刀齋太刀を提げて、其の賊を追掛けたるに、其賊大瓶のありたるを楯になし、右より追掛くれば左へ逃げ、左より追ひ廻はれば右へ逃げて、打果すこと叶はず、一刀齋大にいらつて、其の大瓶《おほがめ》と共に打込みしに其の瓶二つになりて、賊も共に眞二つになりしと云ふ、爾來其の刀を稱して瓶割と名付けしと云ひ傳へたり、又此の刀は一刀齋三十三度の眞劍の勝負に用ふる處の名刀なり、或る說に此の刀は一文字の作なりとも云ふ。

○一刀齋鎌倉に住せしとき、他流のもの徒黨して一刀齋の妾と馴れ合ひ、一刀齋に酒を强ひて進め、其熟睡せし處へ夜打ちを掛けたることあり、時しも夏のことなり、一刀齋は平生枕を蚊帳の裾にゝるみて臥したるほどの人なれば、枕刀は妾の爲めに奪はれ、且つ熟睡の處へ切り込まれしなれども、其の物音に驚きて目を覺まし、向ふより打ち込み來るをくゞり抜け、後ろより其の者を突き倒しければ、同黨の者これを一刀齋と思ひて切り掛けしが、又突き倒して、遂に敵の一刀を奪ひ取り、其の太刀にて危き處を切り抜け、門人小野次郎右衛門忠明に命して、其の切り抜けたる太刀の形を傳へ、我身其の時の越度を耻ぢ、隱遁して行衛知れずと云ふ、是れ當流の佛捨刀なり。

第三　劍術修行心得

○劍術に三段の打ちと云ふことあり、右は稽古中に上中下の打方を心得て、稽古すること専要なり、面胴《めんどう》などを打つには、如何にも強く打たねば成らぬ理なれども、籠手突きなどは左ほど強く打たずとも、隨分場處に寄りては、向ふの働き出來かねて死に至る者ゆゑ、上中下の打方を心得て、稽古致すべき事なり、併し強く打つには勝りたることなし。

○向ふを追ひ込むにも、程のあるものにて、餘り強く追ひ込み過ぎては、窮鼠反て猫を噛むの理もあれば、兎角その節に叶《かな》はねばならぬ事なり。

〇他流に先々の先と申すことあり、右は此の方より打たん突かんと思ふ處を、向ふより其の先を掛けて打ち來り、又突き來るを、或は受け、或は拂ひ、或は切落しなどして、先の氣を失はずして、後の先にて勝つを云ふことなり、決して此の方より打たんと思ふ處を、向ふより其の先を掛くるを、又此の方より其の先を打つなど丶云ふ六ケ敷きことにては無く、全く後の先を云ふなるべし。

〇世に一刀流の地摺星眼《ちずりせいがん》など丶唱ふるものあり、流儀に地摺星眼と云ふ構へは、一切なきことなり、全く下段の事を云ひ誤るものなるべし。

此の地摺星眼と云ふは、當流皆傳の箇條に、敵を跡へ追ひ込むには、何ほど太刀を眼中又は喉へ付けたりとも、敵《てき》は跡へは下がらぬものなり、其の節は地上の心と云ふことあり、此の心にて敵を責むれば、如何なる剛敵たりとも、次第々々に跡へ下がるものなり、其のことを地摺星眼とは云ふ、左れども地摺星眼の構へと云ふは無き事なり。

〇當流にて下段星眼の太刀を、鶺鴒の尾の如く動かすは、切先の死物にならぬ樣居付かぬ爲め、移りの早からん爲め、且は起りの知れぬ爲めなり、無念流などにて、平星眼にてじつと構へ居るは、居付くには非ず、待つの意《い》なれども、惡しく心得、其の意を誤るときは、其の業居付きて、先の意なきやうに成る者多し、歎かはしき事なり。

○眞劍勝負の節、何にも構はず、立ち合ふと、直ぐに手の内へ打ち込み、其の儘腹を目掛けて突き行けば、勝利疑ひなしと云ふ、心得居るべきことなり。

○深籠手を打つことは、能々熟練すべし、是れほど強く當たる打ちは無きものなり、併し相手によると、深籠手を打たんとすれば、向ふ下段に成り、其の業をさせぬものあり、其の節は左の陰に取りたる儘にて、向ふの面を飛び込み打てば、甚だ強く當たるものなり、自得すべし。

深籠手とは、太刀を此の方の左の肩へ取り、向ふの右籠手を横筋違ひに打つを云ふ、又左の陰《かげ》とは太刀を左の肩へ構へたるを云ふなり。

○相下段相星眼等にて向ふの面を打つ節と云ふは、向ふの切先下がりたる處を相圖に打つべし、太刀の上がりたる節に打ち出せば、多分相打ちに成るものなり、併し向ふの切先下がりたりとも、大きく振り上げて打つ可からず、向ふは突かん打たんと構へたる處ゆゑ、是非此の方の大きく口の明きたる處へは打ち突きを出す者なり、依て太刀を半ば振り上げて打つべし、勿論一足一刀に深く蹈み込みて打つを善しとす、向ふの切先に恐れ、半信半疑にて打ち出せば、三本目の突きなどに當たるものにて、深く蹈み込みて打てば、向ふの太刀あまりて、突くこと叶はぬ者なり、試めし見るべし、是れ所謂《いはゆる》「切り結ぶ太刀の下こそ地獄なれ蹈み込み見れば跡は極樂」と云ふ歌の處なり、依て兎角狐疑心を去り、一足一刀に打つこと肝要なり、向ふの切先の上がり下がりに構はず、飛び込みて打つと云ふことは、甚だ無理にて、節に當らぬと云ふものなり、鷹の諸鳥をうつも、鳥の居り敷きたる處、又立ち揚りたる處へ掛かれば、仕損じあり、故に鳥の立ち揚らんとするかしら、羽をのさんとする處、足の未だ延びざる處を打てば過ちなし、是れ節に當る處なり、能々工夫専要なり。

三本目の突きとは、向ふより此の方の頭へ打ち來る其の太刀の下を、此の方の左足より右足を順に、自分の左の方跡へ斜に抜け、向ふの喉を突くを云ふ。

○相手に得手《えて》不得手《ふえて》と云ふもの、必ず有る者なり、其の得手をさすれば、中々試合は六ヶ敷きものなり、其の得手を見付けたるときには、却て其の業を此の方より向ふへ仕掛け、向ふの得手を此の方より強く仕掛くれば、向ふすくみて、其の業を出すこと叶はず、甚だ遣ひ能く成る者なり、是れ向ふの先《せん》に廻る故なり、所レ謂致レ敵而不レ被レ致二於敵一の意なり、工夫あるべし、又向ふの爲さんとする處を察したる時は、左樣すれば斯うする、斯うすれば左樣するぞとの意を示すべし、向ふ居付きて自由なるべし、然れども勝負《しようぶ》互《ご》格《かく》の處、又は他流試合などの節は、向ふの爲さんとする處を知りたりとも、態と其の處を明け渡して透きを示し、其の處へ打ち來れば、切落し、或は引き外づして打ち突けば、之に勝りたる事なかるべし。

○上達の場に至るに二道あり、理より入るものあり、業《わざ》より入るものあり、何れより入るも善しといへども、理より入るものは上達早く、業より入るものは上達遲し、何となれば理より入るものは、譬へば向ふ箇樣するときには斯くせん、斯くせんときには箇樣せん、斯く成りたるときには如何せんと、其の理を種々樣々に考へ、工夫をこらして稽古するを云ふ、業より入るものは、左樣の考へも無く、必死に骨折り、散々に打たれ突かれして後ち、妙處を覺ゆることゆゑ、上達の場に至るには大に遲速あり、故に理を味はひ考へては稽古を爲し、稽古を爲しては理を考へ、必死に修行すべし、理業は車の兩輪の如し、故に理業兼備の修行、日夜怠慢なければ、十年の修行は、五年にて終り、上手名人の場に至るべし。

〇劍術に許さぬ處三つあり、一は向ふの起り頭、二は向ふの受け留めたる處、三は向ふの盡きたる處なり、是の三つは何れも遁すべからず、其の儘疊み掛けて、打ち突きを繁く出すべし、其の內には勝ちを得る者なり、右の外許さぬ處四つありといへども、先づ是の三つを肝要なりとす、故に向ふの起り頭《がしら》は必《かなら》ず打つべし、又向ふ受け留めたりとも、其の處を引きはなれ、間合ひを取り直してつかふ可からず、又向ふの盡きたる處は、決して遁すべからず、之を三つの許さぬ處とは云ふなり。

盡きたる處とは、向ふより打ち突きを出して、此の方へ屆かぬ處、太刀の外づれたる處を云ふなり。

〇又心意識と云ふこともあり、心とは敵を一體に廣く見る處、意とは斯くせん、箇樣せんと思ふ處、識とは愈々見留め、其の思ふ處をなしたるを云ふ、故に向ふを打つには意の處を打つべし、意とは即ち起り頭にて、どか〳〵と起る處なり、然れども其のどか〳〵の處にて、此の方より打ち突きを出せば、必ず相打ちに成るものなり、依てどかと云ふ處にて打ち突きを出せば、勝利疑ひなかるべし、能々工夫あるべし。

どかとは向ふの起らんとする頭、打たんと思ふ頭にて、向ふ發意のところなり。

○相手の脊高く、寸延びたるものには、打ち突きを出しても、向ふ少し仰むきて反り身になれば、此の方の打《う》ち突《つ》き外づれて當らぬものなり、斯る節には、當流に長短の矩《かね》と云ふことあり、譬へば双方の竹刀同寸たりとも、相手の脊高く、寸延びたる者との試合ひには、此の方の切先は五六寸も短き積りにて、打ち突きを出せば、過ちなかるべし、之を延びの矩とも云ふ、能々思慮あるべし。

○他流試合に帶のかねと云ふ敎へあり、甚だ面白き意味あり、譬へば双方とも立合ひの場に至り、目と目を見合はせ居る内に、此の方未熟にては、我が爲さんとする處、必ず目に顯るゝ者ゆゑ、向ふ明らかなれば悟《さと》らるゝことあり、左樣のときには、右帶の矩《かね》と云うて、我が目の付け處を替へ、相手の帶の處へ目を付くれば、向ふそれに迷ひて悟り得ぬものなり、其のとき不意に我が思ふ處を打ち突けば、敵に勝つと云ふ意にて、大に面白き處あり、心得居て善きことなり。

○稽古中向ふの切先、向ふの拳、此の二つの目付けは、常々忘るべからず、打ち突きの出る處、切先と拳より外にはなし、此の處を防がねば、向ふ自由を働きて、六ケ敷きものなり、譬へば酒樽などの呑み口の抜けて流れ出るものを、外にて如何樣に防ぐとも、中々防ぎ止むることは出來ぬものなり、故に早く其の呑口の所を防げば、忽ち留まるものにて、劍術も同じ理なり、打ち突きの出たる所にて、受けん留めんとしては、打たるゝものゆゑ、兎角向ふの拳を防ぐこと專要なり、忘るべからず。

○平日の稽古中にも、相手により、縱令上達の人にても、靜に落ち付き居る人はつかひ能く、又未熟の人たりとも飛びはねて太刀先いらつき、小業《こわざ》にても打ち數多《かずおほ》く出るものは甚うるさく難儀なり、何樣の人を遣ふには、間合ひを離れ、切先の屆かぬ處に居て、出る頭、起る頭を打つより外は無きものなり。

○門人の内稽古中、上達のもの、自分より下手を遣ふ振りを見るに、何れも向ふを息き切らせ、弱わらすことを知らず、夫れゆゑに人數多くつかふ事出來かね、漸く五人又は六人にて終るなり、兎角稽古數多くつかふには、縱令勝負付くとも、直ぐに付け込みて、向ふを攻め掛け攻め掛け、息をつがせぬ樣につかへば、向ふ休息の間なきゆゑ、忽ち息切れ弱わり、業鈍ぶく成りて、何ほどにても遣はるゝ者なり、夫を知らぬゆゑ、初心者をつかふにも、一本々々間合ひを取り直し、又新たに間合ひを詰めて遣ふゆゑ、其の内には向ふも息を入れ、同じ息合ひになるものなり、能く考ふべし。

○「氣は早く心は靜身は輕く目は明らかに業は烈しく」此の歌は當流にて初目錄前後の處なり、味ふべし。

○打ち込みを受るには、唯向ふの打ち込むを、受け留める計りにては宜からず、向ふの透きを見て、折々面を打ち、或は籠手を打ち、互に打ち込み合ふ心得《こころえ》にて受くべし、然れども一本打《ぽんう》ちにして緣を切るべからず、拍子を取り、小打ちに打つべし、必ず大きく振り上げて打つ可からず、向ふ拍子ぬけて、打ち込み出來かぬるものなり。

打ち込みとは、他流には餘り無きことにて、實に劍術の上達を望むもの、此の打ち込みの業を缺きては、達者の場に至ること甚だ難し、故に當流初心の者には、一ケ年餘も打ち込み計りの稽古にて、試合ひを禁ぜしものなり、其後弘化年間の頃は、最初一ケ年ほどは、試合ひの前後に打ち込みを爲すこと計り稽古《けいこ》する事となせしも、寒稽古三十日間は、毎朝三時より夜明け迄は、達者未熟に依らず、打ち込み計りにて、夜明けてより正午迄試合ひする事になせり、但し此の打ち込みの業は、向ふの面へ左右より烈しく小業にて續け打ちに打ち込み、或は大きく面を眞直ぐに打ち、或は胴の左右を打ちなどすることにて、至極達者になる業なり、左に打込十德、打込臺八德の箇條を示す。

劍術打込十德

第一　業烈しく早くなる事

第二　打ち強くなる事

第三　息合ひ長くなる事

第四　腕の働き自由になる事
第五　身體輕く自在になる事
第六　寸長の太刀自由に遣はるゝ事
第七　臍下納まり體崩れざる事
第八　眼明らかに成る事
第九　打ち間明らかに成る事
第十　手の内輕くさへ出る事

劍術打込臺八德

第一　心靜に納まる事
第二　眼明らかに成る事
第三　敵の太刀筋明らかに成る事
第四　身體自由に成る事
第五　體堅固に成る事

三つの聲

○劍術に三つの聲と云ふこと有り、一つは勝ちを知らすを云ふ、勝ちを知らすとは、勝つて後此の方聲を大きく掛くれば、向ふ其の聲に驚《おどろ》きて後を懸《か》けぬものなり、又一つは向ふを追込みなどしたるときも、此の方大きく聲を懸くれば、向ふ扨は我が透きを見付けて斯く云ふならんなどと思ひ、餘儀なき處、苦しき處より打ち突きを出すものなり、其の處を受け、又は外づし、善き勝ちを取るを云ふ、又一つは向ふに追ひ込まれ杯《など》したるとき、向ふより此の方を打たん突かんとする氣見《きみ》ゆれば、此の方向ふの業を知りたる體にて、大きく聲を懸くれば、向ふ扨は今なさんとする業を知て斯く云ふならんと疑ふ處を、早く打ち、早く突きて勝ちを得ることなり、之を三つの聲と云ふなり。

○又三つの挫《くぢ》きと云ふ事あり、一つは太刀を殺し、一つは業を殺し、一つは氣を殺すを云ふ、太刀を殺すと云ふは、向ふの太刀を右へ押さへ、又左へ押さへ、或は拂ひ杯して、向ふの切先を立てせぬを云ふなり、又業を殺すと云ふは、向ふ能く業をする者ならば、二段突き、又は突き懸け、或は諸手面などを仕懸け、打ち突きの外づるゝとも構はず、向ふの手元へ寄ると、透き間なく、足がら、或は捩ぢ倒し、又は體の當りにて突き倒しなどすること、凡そ三四度もすれば、向ふ如何なる業早きものにても、其の勢に挫かれ、業の出來ぬ者なり、且其の勇氣に恐れ、迚も及ばぬと氣も挫け、甚だ遣ひ能くなるものなり、之を三つの挫きと云ふ。

二段突きとは、向ふの右籠手を打たんとする色を示せば、向ふ其の籠手を防がんとして、太刀を下段に直すものなり、其の處を向ふの左より諸手にて喉を突くを云ふ、又突き懸けとは、向ふ星眼の太刀を下段に直し進まんとする其の起り頭の喉を目懸け、諸手にて突き付け押し行くを云ふ、又諸手《もろて》面《めん》とは、諸手にて上段に振り揚げ、向ふの面へ打ち込むを云ふ。

○不斷の稽古にも、兎角氣を先々《せんせん》と懸くべきことなり、立ち合へば、直ぐに突くぞ、打つぞと云ふ氣に成らねば成らぬものなり、受ける留めると云ふ氣に成らぬ樣に爲すべし、直心影と云ふ流儀は、至極の劍術にて、一と勝負ごとに居り敷き、又は箕踞《ききよ》して、はつ〳〵と大息をつき、扨立合へば、上段に取り、直ぐに打つ氣合ひになり、始終先々と廻り居るなり、又足は空に居らず、地に居らずと云ふて、浮き足にて構へ、向の透き間次第に飛び込み勝つを、先の勝ちと云ふ、又後の先と云うて、向ふより此の方へ飛び込み打たんとする其の籠手を、引き切りに打つを、懸《か》け劍《けん》と云うて、專ら致したることなり、然るに此の頃に至り、其の事すたれて、上段にさへ取る者も稀にして、一刀流の下段星眼となり、開祖たる人が千辛萬苦の勞を積みて發明せし構へを打ち捨て、他流を眞似るは、誠に歎息の至りなり、又立ち合ふとき、相手早《あひてはや》く立ち上らんとすれば、まだ〳〵と聲を掛け、始終相撲の立ち合ひの如くす、右はつ〳〵と大息をつくは、動氣を早く納めんが爲なり。

○業に明らかなりとも、理に闇くてはならぬことなり、又理に明らかなりとも、業に闇くてはならぬ事にて、兎角理業兼備せねば、劍術名人とは云ひ難し、余の修行中には、日夜工夫に胸を焦し、夜も快く臥したることなし、深く案《あん》じたる節《せつ》には、終夜眠られぬこと度々ありたり、今子供の樣子を見るに、業は先づ可なり出來たれども、理には一向闇き者にて、余の修行中の如き振りは更に見えず、あれにて劍道上達致せば、實に不思議の事にて、余は晝夜唯其の事のみ心配致せしなり。

○向ふより此の方の面へ打ち來れば、何ほどの達人にても、遁すと云ふことは無く、何時も摺揚げの胴を打つか、但し摺揚《すりあ》げの面《めん》を打つと云ふものか、面さへ打ち來れば、逃すことの無きやうになりたるが上達と云ふものなり、又向ふより籠手へ打ち來れば、切落し突くか、又引き外づし、面を打つと云ふものか、又突き來れば、何時も摺拂ひ面を打つか、但し其の鞘を拂ひ、籠手を打つと云ふものか、右の三通り計りにて能々覺ゆれば、餘り人には負けぬ者なり、其の他種々業を知りたるには勝りたることなし、然れども何ほど名人上手にても、面、籠手、胴、此の外に打つ場所、突く所は決してなきものなり。

○余の上州邊に劍道修行の節、同國のものにて博奕を好みし某と云ふ者あり、或る時我が子分を連れて旅行せしに、如何なることにや、其の子分後ろより長脇差《ながわきざし》を引き拔き、不意に親分へ切り掛けしかば、某は振り返へり見て、其の儘兩手にて向ふの手を押さへんとせしとき、誤て手の親指と人さし指の間を深く切り込まれしかども、某は少しく柔術も心得しものゆゑ、透かさず足にて向ふの陰嚢を強く蹴揚げしかば、子分は急所を蹴られ、眞逆樣に田の中へ倒れしゆゑ、某は手早く自分の脇差を引き拔き、上段より眞ッ二つにせんと切り付けしに、不思議なることには、其の脇差を持ちたる手左右に分れて、打つこと叶はず又切り付けんとせしに、前の如く打ち間に至つて、其の手同く左右に分れて、切ること叶はず、其の內に右の子分は逃げ去りしとぞ、某は此のことを甚不審に思ひ、歸宅の上能く〳〵見れば、指の間《あひだ》深く切り込まれありしとぞ、扨振り上げたるときは、左程にも思はず、打たんとすれば肝要なる親指利かぬゆゑ、太刀筋くるひて打ち洩したり、箇樣に殘念なることはなしと、余に吳々も語りたること有り、依て劍術の稽古にも、拳を付けねらひて打つこと專要なり、能々心得べし。

○余の修行中、突きを入れたる節は、何時も向ふの裏へ二三尺も突き貫く心持ちにて突きたるなり、箇樣になくては、向ふへ强くは當らぬものなり。

○敵出る頭へ、此の方諸手にて鞱《しなひ》を向ふへ一文字に延ばせば、向ふより自然と突き掛かることあり、之れを俗に利生突《りしやうづ》きと云ふ、此の業を爲すには、始終向ふへ追ひかぶさる樣にして向ふの鞱を押へ〳〵込み居て、向ふの起る頭へ出さねば、此の突きは無益にて、恐ろし、怖はしと云ふ此の方に心配あつては、迚も出來ぬ業なり。

○下段などにて向ふを追ひ込み、突かんとしても透き間なくば、此の方少しゝ滯り見るべし、向ふ必ず其のことを不審に思ふものなり、其の處を遁さず突けば、心よく突きとめらるゝ者なり、試めし見るべし。

○此の方は上段、向ふは下段星眼等にて守るとき、善き圖あらば打つべし、六ケ敷くば暫く樣子を見合はすべし、向ふ退屈して氣を取り直さんとする者なり、其の處を遁す可からず、又上段より向ふの面《めん》を打たんとする色を示せば、向ふの受け方知れる者なり、其の處を向ふの籠手、或は胴を打つべし必勝疑ひなかるべし。

○他流に一眼《がん》、二心《こゝろ》、三足《あし》と云ふこと有り、此の三つ連續せねば、敵に勝つことは得難きものなり、これは當流に於て心氣力《しんきりよく》と云ふ場なり、心とは敵を廣く一體に見る處なり、氣とは此處を打たん、彼處を突かんと思ふ處なり、力とは其の思ふ處をするには力にて、此の三つ一致せねば、敵を打つことは難し、本文一眼二心三足の條とは大同小異あるのみ、考ふべし。

第四　劍術他流試合心得

○大勢申し合はせて他流試合を申し込むか、申し込まるるか、兎に角双方人數多く試合ひする節は、第一最初の處甚肝要にて、先づ試合の先登に進むものは、勇氣あるものにて、理業とも達者なるものを選み出し、先づ其のものに十分勝利を得させて、味方の色を直し、敵の氣を挫くこと第一なり、常州笠間は一藩劍道大いに開けて、上達のもの多し、依て一の組、二の組、三の組と、組合《くみあ》ひを定め、一の組を至極達者なるものと爲し、二の組を其の次とし、三の組を又其の次となし、何れも一と組に十人、十四五人、二十人もありて、迚も一人二人試合に行きては、其の三組を遣ひ兼ぬる程の事なり、或る時右藩へ他流一人にて試合ひを申し込みたる者あり、然るに右藩の常例にて、三組の内下等即ち三の組より遣ひ始め、二の組まで悉く一人に仕負けたるよし、然るに其の修行人云ひけるは、最早日も傾きたれば、明日一の組と手合はせを願ふべし、今日は先づ是れ迄にて休息せんとて、旅宿へ引きとり、其の夜竊に笠間表を出立なし、諸州を修行して、笠間一藩劍道未だ不熟のよし、散々に惡しく申し觸らしたること有り、後ち此の事を諸役人傳へ聞きて大に不快に思ひたるよし、其の後余の笠間へ遊行の節、他流手合せには最初肝要《かんえう》の理《り》を解きたる處、何れも其の理に感じ。返す〳〵も其の節の事を後悔せしこと有り、譬へば同門と稽古中にも、自分より聲を掛けて稽古を望みたると、先方より望まれたるとは、試合ひ口大に相違のものなり、別して他流試合ひの節は、最初の處置に肝要なり、能く心得置くべき事なり。

○他流と出合ひたる節、向ふ目を怒らし、肩を張るとも、決して恐るゝに足らず、却て溫順柔和なるものには、心を許すべからず、或時他流一人來りて試《し》合《あ》ひを申し込みたるに、萬事其の身を謙遜し、我等甚だ劍術未熟なる者ゆゑ、何分にも御同門同様の思召しにて、輕く御引き立て下さるべし抔と申したるに依り、門人中には甚だ侮りて試合ひ致したる處、思ひの外達者にて、中には不出來を致したる者ありしことあり、故に必ず向ふの應對、又は立振舞ひの强弱に心を許すべからず。

○宮本武藏は二刀流の開祖にて、大切の試合ひ六七拾度も致したる人なれども、一度も二刀にて試合ひせしこと無く、何時も一刀にて試合ひ致したる人なり、佐々木岸柳との試合ひも、其の說區々なれども、此の時も櫂を手頃の一刀にけづり、大に謀《はか》る處ありて、約束の時刻すぎまで、態と晝寢して後、其の約束の場に至りしかば、岸柳は待ち兼ねたる様子にて、怒氣面に顯る、宮本靜に遲參の罪を謝し、扨云ふやう、今日は最早時刻も移りたれば、仕合ひの義は見合はせ、後日重ねて願ふべし、今日は唯遅刻を謝せんが爲め來りしと云ふ、岩柳益々怒て、其のことを許さず、即刻試合ひ致すべしと、居丈高に成つて望みしかば、宮本仕濟ましたりと心中に喜び、然らば是非に及ばず、御相手致すべしと、兼ねて用意の木刀を脇構へになして進む、岸柳は眞劒を以て上段にて掛かる、宮本計つて頭を出せしかば、岸柳得たりと上段より眞つ二つにせんと、精神を勵げまして打ち込む一刀、宮本脇構へより摺揚げ、岸柳の眞向微塵になれと打ち碎く、碎かれながら岩柳は無念と聲かけ、宮本の足を拂ふ、宮本足を縮めて飛び揚りしかば、其の袴のすそを切り拂ひしと云ふ、是れ實説にして、他の說は確かならず。

○他流と立ち合ひの節は、先づ間合ひを遠く離れて會釋せし上遣ふべし、其の内には向ふの得手不得手の知れる者なり、第一向ふの業の得手不得手を心得て試合すること專要也。

○余の前々稽古、並に他流試合ひなど致したるとき、相手達者にて、業出來小早きものに出合ひたる節は、大抵三つの挫きにて勝利《しようり》を得たり、又向ふの手元に寄りて、鍔せり合ひに成りたるときは、我が太刀の柄先を向ふの左右の手の内へ入れ、手前の方へはね挫けば、向ふ其の拍子に引かれて、思はず此の方へ背を向けるものなり、其の虚を後ろより向ふの腮へ此の方の右の手を掛けて捩ぢ倒し、或は抱き揚げ、投げ付けなどして、多く勝利を得たるなり、又余の盛んに稽古せしときは、向ふより籠手へ打ち來れば、一つも遁すこと無く切落し、盡く突きにて勝利を得たるものなり。

○三段の間合ひと云ふことあり、先づ初心者などを遣ふには、間合ひを近くして、業を色々いたして習ふこと肝要なり、初心のものゝ稽古にも成り、此の方の稽古にも成ることなり、同格との稽古には、一足一刀の間合ひに居て、心を殘さず、廢たりすたりて稽古すること専要なり、又た他流などの手合はせの節は、間合ひを遠くして、打ち突きの屆かぬ處に居て、向ふの盡きたる處、起《おこ》る頭《かしら》、引くかしらを遁さず、一足一刀に打つこと、能々工夫すべし、大事の試合ひには遠間に居て、出れば引き、引けば出て、何分近よらぬ樣にすれば、縱令一日中試合ひしても、向ふに打たるゝことは無きものなり、此の如く先づ我が身を固め置き、扨向ふの透き間次第に入て、勝ちを得ること、他流試合ひ専要の心掛けなり、忘るべからず。

一足一刀とは、敵の太刀下三尺、此の方の太刀下三尺、都合六尺の間合ひなり、之を一足一刀の間合ひとは云ふなり。

○他流試合ひの節は、支度の遲速大に心得あることなり、右は相手の人より餘り早くしては惡しく、遲くしては猶以て宜からず、能く見合せて、少し早き方はよし、然れども餘り早くすれば、他流手馴れたるものは、態と支度に手間をとり、此の方に氣をいらつかせ、仕合《しあ》ひ口《くち》を取り失ふ樣にと心懸くるものなり、心得べき事なり。

○他流手合はせの節、會釋は遠く離れて致すべきことなり、近間にて會釋すれば、相手により、其の會釋の終る終はらぬ內に、其の場より不意に打ち突きを出し、聲を高くあげて卑劣の振舞をなし、此の方の氣を惡くすることあり、又打たれても申分立たぬものなり、能々氣を付け、決して會釋は近間にて爲すべからず。

○余の專ら他流試合ひ致したる時には、双方會釋の內に、向ふの上達不上達が自然と胸に浮かみ知れたるなり、或時無念流にて名人と呼ばれたる木村定次郎と野州佐野宿に於て試合ひせしことあり、會釋の場に至り、忽ち向ふの不上達《ふじやうたつ》なること胸に浮びし故、安心して試合ひ致せし處、案の如く苦もなく勝利を得たり。其の後定次郎人に語て、千葉との試合ひの節、星眼にて遣ひたることは、我等一生の不覺なり、向ふは一刀流のことゆゑ、平生下段星眼の試合ひに馴れたる者なり、我等上段にて手合はせ致さざりしこそ返す〳〵も殘念なることを致したりと、吳々も申し居る由聞き及べり、其の後ち右定次郎の門人我孫子理太郎氏なるもの、常々師の仇を報はんものと付けねらひ居るよし聞き及べり、依て此の後ち理太郎氏に出逢ひて、試合ひの場に至らば、向ふ必ず上段にて掛かるべし、其の節は却つて此方より先を取り、上段にて打ち取るべしと兼々工夫致せしなり、然る處右五ケ年後、余が寶山流劍術の師家武藤虎之助氏方へ試合ひを申し込みたる節、理太郎氏姓名を替へて虎之助氏に潜み居り、余の引き連れたる門人などにも手合はせを致さず、既に試合ひも終りたる處へ、虎之助氏余の前に來りて云ふやう、今一人門人にて熱心の者有り、是非御相手下さるべしと達て申すにより、余も最初より我孫子《あびこ》氏なることを察したるゆゑ。面倒に思ひ、今日は最早十分に稽古を願ひたれば、後日重ねて願ふべしと頻りに相斷りたれども、是非とも願ひ度きよし强ひて望みしゆゑ、然らば御手合はせ致すべしと返答に及びて、立ち合ひたるに、定次郎氏同樣會釋の內に向ふの不上達忽ち胸に浮かみたれども、兼て工夫の通り立ち合ふや否や、直ぐに此の方より上段に取りたれば、我孫子氏先を取られて氣を失ひたる樣子顏中に顯はれたり、其の處を遁さず、散々に打ちするゑ、打ち込み、或は下段にても打ち、星眼にても突きて、大いになやましたり、扨跡にて挨拶の節、御手前は我孫子氏なるや、扨々先年よりは殊の外御上達甚感心せりと述べたるに、同氏は大に赤面して、耻ぢ入たる様子なり、右勝利を得たるも、全く多年つかひ口を心掛けたるゆゑの事なり。

○試合ひ中、鍔せり合ひに成りたる節、向ふより此の方の中柄を取らんとする時、此の方の右の手を離せば、向ふを取らんとする張り合ひにて、思はず深く入り込むものなり、其のとき自然と向ふの後ろに成るものゆへ、其の處を抱き揚げ、或は投げ付け、如何やうとも成るものにて、余は中づかを取られたりとも、遂に不《ふ》覺《かく》を取りたることなし、又此の方の右の手を離し、其の儘向ふの太刀を平ら手にて、下へ強くたゝき落せば、心よく落つる者なり、又此の方より向ふの中づかを取り、向ふより此の方の太刀を張り落したるときには、落されながら兩手或は片手にて向ふの足を取れば、面白く投げらるゝものなり、試めし見るべし。

○相手を足がらにて投げるには、向ふの體と、此の方の體《たい》と突《つ》き合《あ》ふほどの場になくては出來ぬ業なり、其の仕業は手にて押すに及ばず、此の方の右の肩に太刀をあて、向ふの左首筋にもあて、又此の方の右足は向ふの板間へ堅く踏み付け、向ふの足の外づれぬ様にして、我が肩にて太刀と共に、强く押すべし、尤自分の肩は向ふへ押し掛かるを善しとす、又向ふより足がらを掛けられたるときの心得には、跡へは必ず引くべからず、向ふへ出れば遁るゝものなり、又早く心付きたるときには、此の方より却て掛け返へすことも出來るものなり。

○富士淺間《せんけん》流劍術開祖中村一心齋否龍、當流北辰の二字を賞して、是の流名に及ぶものなしと大に感服せしなり、其の意味ふべし。右一心齋は甚感心なる人にて、歲七十餘に及び、常州水戶藩へ試合ひを申し入れ、若き者を相手に致し、ことごとく勝利を得たり、中にも水戶にて第一等の達者なりと云はれたる鵜殿力之助などゝは、始終勝負付かざるよし、尤も老衰致せしゆゑ、何れも三本限りの試合ひなりと云ふ、何にいたせ感服の人なり。

○試合中下段星眼《げだんせいがん》にて思ふほど向ふに打ち勝つとも、三四本目には上段に取り、又三四本打ち勝つとも、下段星眼に直し、始終相氣を外して遣ふこと肝要なり、右三四本勝ちたりとも、夫れに乘じ、其の跡々も同じ構へにて打たん、突かんとしては、六ヶ敷ものなり。故は向ふ三四本も打たれ突かれしては、受け方を工夫するゆゑ、中々六ケ敷くなるものなり、依て色々構へを取り交ぜ、向ふの心を迷はせて遣ふこと專要なり。

○柳剛流《りうがうりう》と云ふ劍術は、多く相手の足を打つ流派にて、岡田某の發明に掛かるものなり、其の足を打ち來るとき、此の方足を揚げんとして念あり、故に遲くして多分打たるゝものなり、依て唯だ我が足のきびすにて、我が尻を蹴ると心得て足を揚ぐれば、念なくして至極早きものなり、又此の方太刀の切先を下げ留めるも善し、之れも受け留めると思ふべからず、唯だ切先にて板間、又は土間をたゝくと思ふべし、是又念なくして能く留まるものなり。

第五　劍術名人の位

○一刀流中西忠兵衛子正《つぐまさ》氏の門下に寺田五右衛門、白井亨と云ふ兩人の組太刀の名人あり、何れも劣らぬ英傑にて、一見識を立てたる人なり、師家中西氏の敎へ方とは相違にて、寺田派、白井派、中西派と三派に分れ、一つ道場に於て、組太刀《くみたち》は寺田流を賞して寺田に學び、或は白井に隨身して白井に學び、又は師に學びて、始終稽古一致せず、夫れゆゑ毎々議論ありて、扨々六ケ敷きことなり、余は寺田派を學び、今以て門人に教導致すことなり、右寺田氏は自分の構へたる木刀の先よりは火炎燃出づると云ひ、白井氏は我が木刀の先よりは輪が出づると云ひ、何れも劣らぬ名人なり、併し實に火炎も、輪も出づるには非ず、唯切先のするどき事を云うて、我が木刀の先へは寄り付かれぬとの意なり、扨寺田氏は韜打ちの稽古は更にせぬ人にて、組太刀計り稽古致せしなり、或時師家中西の門人、寺田氏に向て韜打の稽古を望みしかば、寺田氏云ふ、我等は何れも承知せらるゝ通り竹刀の試合ひは好まず、併し達て望みとの事なれば是非に及ばず、拙者は仕馴れたる素面素籠手にて、木刀を以て相手すべし、御手前は面籠手《めんこて》にて身を固め、拙者と試合ひの上、此の方に透き間あらば、少しも遠慮に及ばず、頭なり腹なり、勝手次第に十分に打ちたまへ、拙者は決して打たれ申すまじと、斷然云ひ放たれければ、何れも其の高言を憤り、寺田氏に重も疵を負はし呉れんものと、或る一人は手早く面籠手を掛け、韜打ち振り立ち向ふ、寺田氏は素裸にて、二尺三寸五分の木太刀を提げ、しづ〱と立ち向ふ、此の體を見て、中西氏は云ふに及ばず、同門の人々も、すは事こそ起りたれと、手に汗を握り、此の勝負如何有らんと、瞬きもせず見居たりしに、相手は寺田氏の頭上眞ッ二つにせんと心中に思ふとき、寺田氏は聲かけて、面へ打ち來れば、摺揚げて胴を打つぞと云ふ、又相手寺田氏の籠手を打ち折らんものと思へば、寺田氏聲掛けて、籠手へ打ち來れば切落して突くぞと、悉く相手の思ふ處、爲さんとする事を察し、一々其の事を陳るにより、相手は中々に恐ろしく、何一つ仕出したる業もなく、すご〳〵其の場を引き退きて感服致せしなり、其の跡へ二三人入れ替り、我れこそ寺田氏を打ち挫がんものと、交る〳〵立ち合ひたれども、何れも同様にて、寺田氏に向かひ一度も打ち出すこと叶はず、皆々同氏の術に深く感服せし事あり。

我が流派に寺田氏、白井氏外に高柳氏の如き名人續々傑出せらるゝは全く中西氏の教授卓絶せられしものと深く感銘せり、又た此の教話により熟考するに當流にて組太刀と云ひ、諸流にて形と唱ふる業は熟達致したく思ふことなり、此の業に練磨せざるときは眞の勝負に於て大に齟齬する處あるべし、然れども組太刀或は形と唱ふるものは理にて、韜打ちは業なれば、車の兩輪、鳥の兩翼の如し、故に理業兼備の修行こそ切に望む處なれ。

○又中西氏の門人に高柳又四郎と云ふ人あり、是又劍術の名人にて、如何様なる人と試合ひ致したりとも、自分の竹刀に相手の竹刀をさはらす事なく、二寸三寸も離れ居て、向ふの出る頭、起る頭を打ち、或は突きを入れ、決して此の方へ寄せ付けず、向ふより一と足出る處へ、此の方よりも一と足進むことゆゑ丁度打ち間よくなり、他流杯には一度も負けたることなし、他の人とは違ひ、能ゝ間《ま》合《あ》ひを覚えたるゆゑ、此の人の上に出づるものなし、然れども、突きなどは、多く悪き處勝ちにて同門は餘り此の人と稽古することを好まず、又同人は如何やうなる初心者にても、態と打たせる抔と云ふことは、決してせぬ人なり、平日の咄にも、我れは人の稽古になる様には致さず、唯自分の稽古になるやうに致すこと故、縦令ひ初心者たりとも、態と打たすなどと云ふことは致さぬと、兼々云はれしなり、其の癖付きたる故か、自分の門人にも其の通りなる稽古故、同人の門人には一人も上達の者なく、其の身一代の剣術にて終りしは、實に殘念なることなり、又同人他流試合ひなどの節にも、初めより終りまで、一と試合ひの内、一度も高柳の竹刀にさはらぬ事度々ありたり、之れを音なしの勝負抔と同人は唱へ居れり、先づ箇様なる人を上手名人とも云ふべし。

○無眼流剣術の元祖反町《そりまち》無《む》格《かく》、諸國修行の節、或山路を通りしに、長き溪あり、其の溪流に架せる長橋は、獨木橋にして、容易に渡り難く、如何が爲んと、邊りの石に腰打ち掛けて案じ居たりしに、一人の盲人其の橋へさし掛かりしかば、無格心中に思ふやう、兩眼のある我が身さへ渡り兼たるほどの橋なるを、此の盲人の如何して渡ることの成るべきやと、息をも爲さずして見居たりしに、盲人其の木橋にさし掛るや否や、左右より其の木橋を杖にてさぐり、何の苦もなく向ふの岸へ渡りしかば、無格思はず兩手をハタと拍ちて、大に悟る處あり、劍道も此の處なり、兎角眼あるゆゑ疑惑して妙處に至ることを得ず、眼を潰ぶして修行すべしとて、自ら無眼流と改め、一流の祖となり、其の名尤も後世に高し、是れ無念無想の處なり。

○稽古遣かひ盛りたる節は、此の方より打たん突かんと思ふこと無く、向ふより自然と打たれ突かれする者なり、當流極秘の歌に

敵をたゞ打つと思ふな身を守れ　おのづから漏る賤が屋の月

右は全く月の賤が屋の中まで輝すと云ふには非ずして、賤が屋の方に自然と漏るゝ處あるとのことなり、劍術も其の如く、此の方明かるくして、懸中待、待中懸と云うて懸かる中に待ち、待つ中に懸かる位に居て、じつと構へ居れば、此の方より尋ね求めずして、向ふより自然と漏るゝ場所あるとのことにて、敵より此の方へ打つ場處、突く場處を與ふるものなり、此の處能く〳〵熟考すべし、劍道絕妙の要處なり。

○守《しゅ》破《は》離《り》と云ふことあり、守はまもると云うて、其の流の趣意を守ることにて、一刀流なれば下段星眼、無念流なれば平星眼にてつかひ、其の流派の構へを崩さず、敵を攻め打つを云ふなり、破はやぶると云うて、左様の趣意になずまず、其の處を一段破り、修行すべしとのことなり、離はなるゝと云うて、右守破の意味も離れ、無念無想の場にて、一段も二段も立ち上がりたる處にて、此の上のなき處なり、右守破離の字義、よく〳〵味はひ修行肝要なり。

○水月《すゐげつ》の矩《かね》と云ふことあり、是は敵の起る處、出る頭へ映るの意にて、月の浪に映るが如く、浪の動くに隨ひ、起るに隨うて、何處の嫌ひなく、向ふの動く處へ映るものゆゑ、水月のたとへあり、劍術も其の如く、向ふの動くに隨ひ、起るに隨ひ、其の處を遁さず打ち勝つの意なり、一刀齋の歌に、

浦風や波のあらきに寄る月の
　　數多に見えて烈じかりけり

○宮本武藏の歌に、

筑波山葉山繁山繁けれど
打ち込む太刀は眞の一刀

此の歌の意味よく〳〵味ふべし。

○一刀齋の歌に、

打つ太刀を切分け中を突くぞかし
勝負は天にまかしてぞある

これは當流切落しの處を詠じたる歌なり、味ふべし。

○或話しに、椎夫《きこり》深山に入りて、木を切り居たりしに、さとりと云ふ獸、其の處へ來たりしかば、異獸なるゆゑ、何とかして生捕りたく思ひしかば、其のさとりの云ふやう、其の方は心中に我れを生捕りたく思ふなるべしと云ふ、椎夫は之を聞きて大に驚きしかば、さとり又云ふ、其の方今我が悟りたることを不審に思ふなるべしと、椎夫ます〳〵驚き、竊かに此の斧を以て一と打ちに打ち殺さんものと思ふとき、さとり又云ふ、其の方我れを殺したく思ふなるべしと、依て樵夫心中に思ふやう、箇樣に我が思ふこと、爲さんとする事を知りては、迚も致し方なしと、又元の如く斧を以て、木を切りに掛りしかば、さとり又云ふ樣、其の方は最早致し方なく思ふなるべしと、樵夫是れにも構はず、一心に木を切り居たりしに、其の斧自然に飛び拔けて、さとりの頭を打ち碎きしかば、異獸一言も發せず死せしと云ふ、流石のさとりも無念の斧には打たれしとの譬なり、劍術も其の如く、向ふの明らかなる者に出逢ふては、此の方の思ふ處、爲さんとする處を悉く知らるゝ者ゆゑ、兎角無念無想の打突きになくては叶はぬことなり、能く〳〵練磨《れんま》すべし。

○心妙劍と云ふことあり、これは我が思ふ處、爲さんとする處を違へず、打ち突きて外づさぬを云ふことにて、或は實妙劍《じつめうけん》なども云うて、美妙の處となす、然れども無想劍とは其の意大に相違せり、劍術も此の無想の場に至れば、百戰百勝疑ひなし、千辛萬苦の勞を積み、無想の場に進むべし。

○徳川家三代家光將軍の時代に、朝鮮國王より虎を獻ぜしことあり、將軍柳生但馬守に命じて、劍術の氣合ひにて、虎の威を取り挫ぐべしとの事なり、但馬守拜諾し、扇子を持ちて、さしこの內に入れば、虎怒て但馬守に向ふ。但馬守少しも恐れず立ち向かひ、扇子にて虎の頭をはたと打つ、虎恐れて引きしざり、猫の犬に出逢ひたるが如く、眼を怒らしたるのみにて、但馬守の氣合ひに取り挫がれしとなり、然るに其の席に居合はせたる澤菴和尚、この體を見てカラ〳〵と打ち笑ひ、但馬殿まだ〳〵至らぬなりと云うて、同くさしこの内に入れば、前の如く虎怒つて和尚に向ふ、澤菴ひるまず手の掌を出し、つばきして虎の前に出す、虎その唾をなめ、弱き犬の强きに出逢ひたるが如く、尾を振りながら横に倒る、澤菴其の上にゆう〳〵と立ちまたがり、如何に但馬殿、これにては馬手《めて》指《さし》も自由なるべしと云へば、公大に之を感賞し給ふ、但馬守の氣合ひ善しと雖も、動もすれば合打ちになるの氣あり、澤菴の氣合ひは向ふの氣を取り挫ぎて心服さするの處あり、劍術も此の場合に至るを上手名人とは云ふべし、深く此の意を熟考すべし。

○世に憲法のそくひ付けと云うて、敵をそくひにて付けるやうに、心安く勝ちしと云ひ誤るものあり、全く左樣のことに非ず、即座の意に付くと云ふことにて、向ふの意を知り、其の意に付くことなり、譬へば向ふより此の方の籠手へ打ち來らんとすれば夫を知り、籠手へ打ち來れば斯くする、向面へ打ち來れば左うするぞと云ふ、相手のなさんとする意を知り、此の方の意を向ふへ示せば、向ふ迚も此の人の術には及ばぬと心中に思ふゆゑ、其の業居付きて、打ち突きを出すこと叶はず、依て其の處を自由にそくひにて付るやうに勝ちしと云ふことなり、これを後世傳へ誤るものなり、深く勘考すべし。

○露《つゆ》の位《くらゐ》と云ふことあり、譬へば草木に露あり、其の草木に手を觸れば、其の露忽ち地に落るものなり、劍術も其の如く、向ふの動く處、起る頭、出る頭、その處を逋さず、打ち突くべしとの意なり、此のことを誤るものは、向ふの太刀、此の方の太刀にさはるを合圖に、打ち突きを出すことゝ心得るものあれども、決して左樣の處にはあらず、能く考ふべし。

○他に一圓流《ゑんりう》と云ふ流派あり、甚だ感服すべき流名にて、何業も圓くと云ふ意にて、受けては圓く打ち、切落しては圓く突くと云ふ心なり、甚だ面白き意味あり、味ふべし。

○當流に睡中痒き處を撫づると云ふことあり、劍術も此の場に進みたきことなり、此の場に至るを名人とは云ふなり、深く思慮すべし。

○闇夜に霜を聞くと云ふ教へもあり、是又劍道極意《けんだうごくい》の處なり、發明あるべし。痒き處を撫づるとは、敵を打つに美妙の場、霜を聞くとは、如何にも心氣納まる處にて、至極劍術高尚の處なり。

○柳生家に二人の男子あり、二男某下婢と密通せり、其のこと父但馬守に洩れ聞え、大に其の不義を憤りて、早々勘當致されしかば、二男某詮方なく、舍兄十兵衛三吉中國邊に居られし處へ到り、段々の子細を打ち明かして訓されしかば、三吉同く怒り手打ちにせんと云はれしかば、二男某先非を悔いて、一言の返答も無く、差しうつむきて居られたり、三吉スラ〳〵と立ち寄りて、太刀拔きはなしけれども、某少しも動ぜず、兼て御訓し申し上げ、千に一つも御聞き濟みはある間敷く、其の節は腹掻切て御詫び申さんと、兼て覺悟致したることゆゑ、同くは尊兄の御手に掛け下さらば本望なりとて、驚く氣色更になく、首さし延ばされたり、十兵衛三吉此の體を見大に感じ、忽ち太刀を投げ捨てゝ、扨々驚き入たる心底、流石に柳生家の二男なり、其心底を見込みて、賴みたき一大事あり、今死する命を我に給はるべしと云ふ、某更に其の意を解せず、唯何事も違背は致さず、御心に隨ふべしと云はれたり、十兵衛三吉、さらば今死《し》する命《いのち》を劍術に打ち入れ、死する覺悟を以て修行頼み入るなりと述べられしかば、某は暫く感涙にむせび、稍やあつて頭を上げ、仰の趣屹度相守り、再生の御恩に報はんと返答に及ばれ、其の後寢食を忘れ、死を以て日夜修行致されしかば、日ならずして上達し、終に其の志を遂げ、後ち柳生の家を繼ぎて柳生但馬守某と名乘り、其の名最も中興に高し、依て倩《つら》ら考ふるに、萬事心懸次第にて成就せぬと云ふ事はなきものなり、然れども劍道は自分の身を全うして、敵を仕留むる術にて、實に難き事なれども、心懸けに依ては又能く自在に成る者なり、此の處深く熟考すべし。

第六　劍術六拾八手

面業二拾手

追込面

○向ふを下段星眼等にて追ひ込み、透き間次第に面を打つを云ふ。

起頭面

○双方下段星眼等に守り居て、向ふの進まんとする起り頭の面を打つを云ふ。

直　面

○右同じ構へに守り居るを、向ふ星眼を下段に下ろす頭の面を打つを云ふ。

半身面

○此の方の上段、向ふ下段等にて、此の方へ突き來るを、此の方は體を開きて半身になり、其の太刀を外づし、左片手にて面を打つを云ふ。

諸手成面

○双方下段星眼等に守り居るを、向ふより此の方の右籠手へ打ち來るを受け留めず、其のまゝ諸手にて太刀を半ば振りあげて打つを云ふ。

諸手面

○向ふ下段星眼等に守り居るを、此の方諸手上段より向ふの透きを見て、面を打つを云ふ、時宜により籠手を打つこともあるべし。

片手面

○向ふ下段星眼等に守り居るを、此の方左右の內片手上段より面を打つを云ふ、時宜によりては籠手を打つこともあるべし。

左構面

○向ふ右同構へに守り居るを、此の方は左足を出し、上段に取りて面を打つを云ふ、時宜によりては籠手を打つことも有るべし。

右構面

○向ふ右同構へに守り居るを、此の方は右足を出だし、上段に取りて面を打つを云ふ。時宜によりては籠手を打つこともあるべし。

片手外

○双方下《げ》段《だん》星《せい》眼《がん》等に守り居るを、向ふより此の方の右籠手へ打ち來るを、此の方は左籠手を外づし、右片手にて太刀を上段に振りあげて面を打つを云ふ。

摺揚面

○右同構へに守り居るを、向ふより此の方の面へ打ち來るを、上段に摺揚げ面を打つを云ふ。

切返面

○右同構へに守り居るを、向ふより此の方の面へ打ち來るを受け留め、其のまゝ切返へして面を打つを云ふ、時宜によりては籠手を打つこともあるべし。

地生面

○右同構へに守り居るを、向ふより此の方の面へ打ち來るを、此の方太刀を向ふの諸手の中へ地生に引き掛け、扨其の太刀を早く引きぬき、巻き打ちに向ふの右横面を打つを云ふ、但し地生に引き掛け云々は、當流にて唱ふることにて、別に六ケ敷ことに非ず、只向ふより打ち込み來る其の兩手の中へ、此の方の太刀先を引き掛けるを云ふなり。

巻落面

○右同構へに守り居るを、向ふより此の方の面へ打ち來るを、巻き落して面を打つを云ふ。

張　面

○右同構へに守り居るを、此の方より向ふの太刀の半ばを張り、其のまゝ面を打つを云ふ。

籠手引懸面

○右同構へに守り居るを、向ふより此の方の面へ打ち來るを、其の右籠手を押さへ、其のまゝ上段にとりて面を打つを云ふ。

籠手懸面

○右同構へに守り居て、向ふの右籠手《みぎこて》を打たんとする色を示せば、向ふ下段にて守り、其の籠手を防ぐ、其の處を遁さず、飛び込みて面を打つを云ふ。

諂拂面

〇右同構へに守り居るを、向ふより突き來る其の太刀を拂ひ除け、其のまゝ太刀を半ば振り上げ、諸手にて面を打つを云ふ。

片手延面

〇右同構に守り居るを、此の方より向ふを追ひ込みて、左の手を離し、右片手にて面を打つを云ふ、但し此の打ちは甚だ輕くして、敵に强く當らぬ業なり。

深籠手懸面

〇右同構へに守り居るを、此の方太刀を左の肩へ取り、向ふの右籠手を打たんとすれば、向ふ下段に守りて其の籠手を防ぐ、其の處を逅さず、飛び込みて面を打つを云ふ。

突業十八手

諸手突

〇此の方諸手にて向ふを突くを云ふ。

片手突

○此の方片手にて向ふを突くを云ふ。

二段突

○双方下段星眼等にて守り居るを、此の方より右籠手を打たんとする色を示せば、向ふ下段に應じて其の籠手を防ぐ、其の處を向ふの左より突くを云ふ。

拔突

○右同構へに守り居るを、向ふより此の方の面へ打ち來る處を、此の方は左足より右足を斜めに跡へ引き、向ふの太刀下を潜りぬけて喉を突くを云ふ。

切落突

○右同構へに守り居るを、向ふより打ち來り、或は突き來るを切落し、諸手にて突くを云ふ。

表突

○右同構へに守り居るを、向ふの太刀下段に下げる處を見すまし、此の方左片手にて向ふの左の方即ち表より突くを云ふ。

押突

○右同構へに守り居るを、此の方向ふの太刀の左より押さへ、諸手にて突くを云ふ。

籠手引懸突

○右同構へに守り居るを、向ふより此の方の面へ打ち來る處の其の右籠手を太刀にて押さへて突くを云ふ、時宜により左籠手を押さへて突くことも有るべし。

引入突

○右同構へに守り居るを、向ふより片手突きにて、此の方の表或は裏へ突き來るを向ふの太刀に添ひて引き入れ、其の儘諸《もろて》手にて突くを云ふ。

利生突

○右同構へに守り居るを、向ふ進まんとする頭へ、此の方諸手にて太刀を眞直ぐに向ふへ延ばせば、向ふより自然と突きかゝるを云ふ。

上段利生突

○向ふ下段、此方の上段にて、向ふ進まんとする頭へ、此の方上段を下ろし、諸手にて太刀を眞直ぐに向ふへ延ばせば、向ふより自然と突きかゝるを云ふ。

上段引入突

○右同構へに守り居るを、向ふより片手にて突き來るを、此の方上段より其の太刀に添ひ、引き入れて突くを云ふ。

籠手色突

○双方下段星眼等にて、此の方向ふの右籠手を打たんとする色を示せば、向ふ太刀を下段に守り、其の籠手を防ぐ、其の處を遁さず、片手にて突くを云ふ。

籠手外突

○右同構へに守り居るを、向ふより此の方の右籠手へ打ち來る其の右籠手を離し、左片手にて突くを云ふ。

地生突

○右同構へに守り居るを、向ふより此の方の面へ打ち來る其の兩手の中へ、此の方太刀を下より引き掛け、扨早く引きぬき、諸手にて突くを云ふ。

巻落突

○右同構へにて守り居るを、向ふより此の方の面へ打ち來るを、右或は左へ卷き落して突くを云ふ。

突掛突

○右同構へにて守り居るを、向ふの下段になる處の透を見て、其のまゝ諸手にて喉を目がけ、突き掛け、押し行くを云ふ。

三段突

○右同構へに守り居るを、此の方向ふの右籠手を打たんとする色を示せば、向ふ下段に直し防ぐ、此の方又左籠手を打たんとする色を示せば、向ふ又其の籠手を防ぐ、其の處を諸手にて向ふの右即ち裏より突くを云ふ、但し此の業《わざ》は至《し》極迅速《ごくじんそく》にあらでは出來難き業なり。

籠手業十二手

深籠手

○双方下段星眼等に守り居るを、此の方太刀を左の肩へ取り、向ふの右籠手を横筋違に打つを云ふ。

並籠手

○右同構へに守り居るを、此の方より向ふの右籠手を打つを云ふ。

左籠手

○右同構へに守り居るを、此の方より向ふの左籠手を打つを云ふ。

起頭籠手

○右同構へに守り居るを、向ふより此の方の面或は籠手を打たんとする其の起り頭の右籠手を打つを云ふ。

受籠手

○右同構へに守り居るを、向ふより此の方の面へ打ち來るを、此の方太刀を左の方へ取りて受け留め、其のまゝ切り返し、向ふの右籠手を打つを云ふ。

突拂籠手

○右同構へに守り居るを向ふより片手突きにて、此の方の右の方へ突き來るを、此の方は其の太刀を右へ拂ひ除け、向ふの右籠手を小切りに打つを云ふ。

上段籠手

○向ふ下段星眼、此の方は上段にて、面を打たんとする色を示せば、向ふ必ず太刀を斜になして受けんとする、其の右籠手を打つを云ふ。

誘引籠手

○双方下段星眼等に守り居るを、此の方より向ふの右籠手を打たんとする色を示し、此の方の右籠手をわざと明けわたせば、向ふ必ず其の籠手を打ち來るものなり、其の處を受け、或は拂ひなどして、向ふの右籠手を小切《こぎ》りに打つを云ふ。

押籠手

○右同構へにて守り居るを、向ふより此の方の面へ打ち來る處の其の右籠手を、太刀にて押へ切りに引き切るを云ふ。

留籠手

○右同構へに守り居るを、向ふより此の方の右籠手へ打ち來るを、此の方は鍔元《つばもと》にて留め、其のまゝ小切りに向ふの右籠手を打つを云ふ。

面色籠手

○右同構へに守り居るを、此の方より向ふの面を打たんとする色を示せば、向ふ必ず其の太刀を受けんとする、其の右籠手を打つを云ふ。

居鋪《をりしき》籠手

○前條の深籠手と同斷なり、但し向ふの右籠手を打つとき、此の方左の膝を突き打つを云ふ。

胴業籠手

摺揚胴

〇向ふ上段或は星眼等に構へ、此の方は下段星眼等に構へ守り居るを、向ふより此の方の面へ打ち來るを摺揚《すりあ》げ、胴《どう》を居敷《をりし》き打つを云ふ。

拔胴

〇双方下段星眼等に守り居るを、向ふより此の方の面へ飛び込み打ち來る其の太刀を受け留めずして、如何にも早く胴へ拔け、居敷き打つを云ふ。

立胴

〇右同構へに守り居るを、向ふより此の方の面へ飛び込み打ち來る其の太刀を受け留めずして、如何にも早く胴へ拔け、居敷かず、立ちながら打つを云ふ。

籠手懸胴

〇向ふ上段、此の方下段星眼等より、向ふ上段の籠手を打たんとする色を示せば、向ふ其の太刀を避けんとする處を、迅速に飛び込み、胴を打つを云ふ。

利生胴

○双方下段星眼等に守り居るを、向ふより進まんとする頭へ、此の方太刀を向ふへ直ぐに延ばせば、向ふ突き掛かるものなり、若し其の突きの外づるゝ節は、其のまま居敷き、胴を打つを云ふ。

飛込胴

○右同構へに守り居るを、此の方より飛び込み、胴を打つを云ふ、但し此の業は甚だ無理なる業なり。

手元胴

○双方鍔ぜり合ひになりたるとき、向ふの透きを見て、立ちながら胴を打つを云ふ。

續業十一手

片手籠手面

○此の方右片手上段にて、向ふの下段星眼等の右籠手を打ち、其のまゝ太刀《たち》を振《ふ》り廻《ま》はし、再び面を續け打つを云ふ。

籠手張面

○双方下段星眼、此の方より向ふの右籠手へ打ち込まんとする振りを示せば、向ふ太刀を下段に守り、其の籠手を防ぐ、其處を透さず面を打つを云ふ。

籠手面胴突

○右同構へに守り居るを、此の方より向ふの右籠手を打ち、其のまゝ又面を打ち、又胴を打ち、又突く、都合四度《たび》續《つゞ》け打《う》ちに打つを云ふ、但し此の業は別《べつ》して迅速ならでは出來がたき業なり。

籠手突

○右同構へに守り居るを、此の方より向ふの右籠手を打ち、其のまゝ片手突きにて再び突くを云ふ。

面足から

○右同構へに守り居るを、此の方より飛び込みて打ち、太刀の當たる當たらぬに拘はらず、其のまま足がらにて投《な》げ倒《たふ》すを云ふ。

鞱張落面

○此の方上段に構へ、向ふ下段星眼等の太刀を強く張りて面を打ち、或は向ふより此の方を突かんとする其の太刀を、上段より張り落して面を打つを云ふ。

籠手外摺揚

○雙方下段星眼等に守り居るを、此の方より向ふの右籠手をわざと打ち外づして示せば、向ふ必ず面へ打ち來る者なり、其の處を摺揚げ、面を打つを云ふ、或は胴を打つ事もあるべし。

左右胴

○右同構へに守り居るを、向ふより此の方の面へ打ち來るを摺揚げ、居敷きて左右の胴を打つを云ふ、是れ又至極迅速なるを主とす。

一文字投

○右同構へに守り居るを、向ふより此の方の面へ打ち來る處を、此の方身を沈め、太刀を右片手にて一文字に受け留め、左片手にて向ふの右足を捕り、右手は太刀を持ちたる儘にて、向ふの體を強く押せば、向ふ能く倒るゝ者なり。

抱揚

○右同構へに守り居るを、向ふより此の方の面へ打ち來る處を、此の方身を沈め、太刀を一文字になし、右片手にて受け留めたれば、其のまゝ太刀を投げ捨て、向ふの腹下へ入り、向ふを高く抱き揚げて投げ付くるを云ふ。

組討

○組打ちにて向ふを打ち取らんと思はゞ、打ちの當たる當たらぬに拘はらず、向ふの眞向へ打ち込み、其のまゝ太刀を投げ捨て、右手にて向ふの面《めん》の後ろを確と取り、左の手にて面のたれを確と取り、右の手は此の方の右前の方へ强く捩《ね》ぢ、左の手は夫に應じて强く突き上げ、捩《ね》ぢ廻《ま》はして、じり〳〵と强く捩るべし、決して其の左右の手をゆるむ可からず、少しにてもゆるめば、向ふ息をつき、容易に勝負付かざるものなり、右の術よく〳〵練磨すれば、縱令ひ幾十度の組討を爲すとも、決して負くるものに非ず。

第七　劍術名歌

切り結ぶ身に添ふ打ちは敵なり付け入つてこそ味方とぞ知れ

筑波山葉山繁山繁げゝれど木の間木の間に月かげぞもる

極意《ごくい》とは己がまつげの如くにて近くあれども見付けざりけり

山川の瀬々に流るゝ栃からも實を捨てこそ浮かむ瀬もあり

切り結ぶ太刀の下こそ地獄なれ蹈み込み見ればあとは極樂

切り結ぶ刄の下ぞ地獄なる身を捨てこそ浮かむ瀬もあれ

雪氷雨やあられとへだつれど落つれば同じ谷がはの水

勝つ事を何と答へん言の葉は墨繪にかきし松風のおと

打ち寄する浪の請太刀滿汐にさし心得て飛ぶ千鳥かな

劍術を何と答へん岩間もるつゆの雫にうつる月かげ

劍法秘訣畢

劍術物語

○或人問うて曰く、劍術は昔よりも今は上手になりて、昔の名人、今の下手に等しと言ふものあり、如何にとなれば、昔は理を専らとして、業に手練なし、今の組劍術の類にて修行すればなり、近世組劍術の廢れて、撓刀《しなひ》打《うち》の稽古流行してより、其業に熟練して、上手になる者多し、是れ眼前の證據なりと言へり、何れか本意に候や、余答へて曰く、尤もなる疑問なり、先づ何事も古を手本とする今なれば、劍術も強がち昔は下手とも言ひがたし、末世に至り、諸道共に細密に開くるとは言へども、其は時世の位と申すものなり、細工物なども、今は器用なりと雖も、卑しくして古に及びがたき所あり、正宗、貞宗、或は備前刀の善き處、今出來の刀になきは、昔床しき所ならずや、劍術も昔は不器用にもせよ、今は器用にもあれ、昔は昔の位、今は今の位なり、總じて昔の名人は心氣力一致にして、美妙の場《ば》あり、故に大切に臨んで、をくれを取らず、今の人は心弱けれども、力強く、稽古に臨みて、心能く納まり、所作を見事に遣へども、斯る上手は大事に臨んで、心をくれ、所作を忘れて、不覺を取ることあるべし、心強くして、業《わざ》なきも頼まれず、素面素籠手などの稽古にて名人となるも疑はし、其の理には通ずべけれども、業に達者ならずして、理害に破らるべし、決して大丈夫の所にあらず、撓刀打にて熟したる上手は、理害にても、組打にても、先の勝手次第の業に應じて自覺せし業なれば、進退自在にして疲るゝ事なく、打ち強くして、又敎の及ばざる所あり、爰を飽まで鍛錬し、廣く押し渡りて、必勝の利を備へ心の動かざるを、名人とこそ言ふなれ。

○又問ふ、古の名人は勝負に臨み、互に見合ひて、勝負の付かざることありと承れども、今は箇樣の事を承はらず、此儀は如何候や、答へて曰く、業を以て術《じゆつ》を遣ひ、術を以て業を遣ふ、業を專らとすれば勝負烈しく、術を專らとすれば勝負靜かなり、互に靜かなれば明かにして、其の明かなる場合に同氣すれば、輙《たや》すく打出す事難し、勝たんとすれば、負くるの虎口《こぐち》あり、故に理を專らとして覺えし術は、業に達者ならずして、烈しき業に破らる、然れば今の形劍術樣《やう》の事にて覺えし上手同士ならば、如何にも右様の事もあらん、左れども互に烈しき業を以て當るに、勝負付かずと言ふことなし、名人の五分同士にて勝負付かざれば、下手の五分同士にても勝負付かぬ筈なれども、其沙汰なし、これ全く世の物語にして、互に心ばかりを對し、業を對せざる故、打出さずして勝負付かざることなど言ひし事と察せらる。

○余諸州を修行して、木曾路より上州に入り、伊香保の木暮某方に滯留すること數日に及ぶ、或日、主人劍術の道具を持出し來りて、御退屈にや候はん、御慰みにとて出だしければ、余態と素知らぬ體にて、これは何に用ゆる品なりやと言ふに、主人答へて、御言葉にも恐入り候、某事は當國に流行仕候念流と申す劍術を心懸け候、これは即ち其道具に候と云ふ、余重ねて、願はくは其術を遣ひて見せ玉へと言へば、主人如何にもと諾《うけが》ひて、一兩輩を呼び來り、鉢金など被ぶりて、色々の狀《さま》を行ふ、余又最早止め玉へ、怪我にてもあらば大事なり、見る目も甚だ危きにと言へば、主人餘所目には危く御覽あるも御尤ながら、抑々劍術は摩利支天の御加護あれば、決して怪我など申すことは候はずと答へ、其れより樣々の物語に及ぶ、其時主人、聞召し候や、當國高崎に小泉某と申すものあり、力量衆に勝れしものにて、油樽二つを輕々と左右の手に捧げしさま、宛がら空樽を扱ふ如く、人間業とも見え候はず、斯る骨柄に加へて、劍術の業も勝れ候へば、誰あつて當るものとても候はず、古の木村長門守はイザ知らず、誠に當國第一の立者《たてもの》に候、去りながら又恐るべきは術にて候、私共の先生に對しては、殆ど小供同樣にて、更に手出しも出來申さず候と、最と面白《い》げに物語る、余《よ》之《こ》れに對して、小泉と言ふ人は未だ聞きも及ばざれども、扨々恐ろしき怪力かな、それに又御邊の先生とは何人にて在はすぞ、世に言ふ天狗古狼の所爲にもあるまじけれども、所詮人間業とも思はれずと言へば、主人實にも人間の業を離れし名人に候と答ふ、余心の中にて、此れこそ世に言ふ壘の下を潜り、壁を渡る類の劍術、話には聞けども、終に見たる例なしと思ひつゝ、尙も劍術など知らぬ體にもてなせば、樣々の奇談もありて、其席を去りぬ、其後所用あつて江府に歸り、小泉の怪力など物語れば、人々聞きて皆怪む、余も急用の爲めに歸りて、小泉を尋ね得ざりしを本意なく思ひ居りし折りしも、會々吉田川と言へる力士訪ね來る、彼れの生れは上州に近しと聞きし故、定めて小泉の事をも知り居らんと思ひて、其事を尋ぬれば、彼れ答へて、此れこそ上州一の聞えある勇夫にて候、小奴《やつがれ》などは前々より世話を請けたる人にて候と申す、余然らば小泉の力量こそ試みたけれ、如何に余を案内せずやと言へば、吉田川易き事にこそ、明日にても苦しからずと答ふ。

余然らば明日發足すべしと約し、文政五年閏正月中旬、彼れを案内者として上州に向ふ、道々に劍者ありて、思はざる手合もありき、本庄《ほんじやう》驛に往きて暫し滯留せしが、此邊にても小泉の事を隱れもなく、人々皆知り傳へり、余邊土には諸藝ともに村學究と申すものあり、小泉の事も東都に其の沙汰なきを見れば、敢て信じがたしと雖も、力量は生得のもの故又格別なりと思ひ、吉田川に向ひて、小泉は念流にて隨一の達者の由、余劍術を試みなば、後日の人口も喧ましからん、余は多年劍術を業として日々の修行も珍らしからず、依つて別に道具などは用意せずして唯力量のみこそ試みたけれ、彼も力士を表にする者にあらず、余も亦た力者にあらねば、勝負は何れに在りとも恥にあらずと語れば、傍に四方田某なるものありて、これこそ面白き思ひ立ちにて候へ、拙者も案内仕らんと言ふ、吉田川は兎も角も道具は御持參あるべしと言ふに、余彼れも念流を修行せしもの故、定めて手合を見たき心ならんと察し、然らば道具は善きに計らへと任せぬ。

二月六日、心徐《しづ》かに本庄を出で立ち、黄昏の頃ひ、高崎なる小泉の許に訪づれて對面し、其の夜は此處に止宿するに極まりぬ、余是れまで御尋ね申せしこと、偏に御邊の怪力を試みんと存ずるが爲めなり、勝負は何れに在りても恥とするに足らず、明朝角力にて力量の程を見せ玉へと約して、寢所に疲れを休《やしな》ふ、翌くれば七日、小泉是非共劍術こそ願はしけれと言ふに、余答へて、其は易きことなれども、後々まで人口にかゝらんも宜しからず、遠路尋ね來りしこと、只力量の羨ましきに由るなりと言へば、小泉尙も先づ劍術を試みたる上にて、力量を試み玉へと言ふ、余も今はとて同意しければ、小泉直に場所を設け、先づ吉田川を遣ひて見せけるに、中々達者の業とは見えしが、形よくして其搆へ星眼なれば、念流とも見えず、斯くて後、余と立合ふ、余其位取りを見るに、其術尙不足の所あり、彼れ組打又は色々の業を以て余に當れども、更に通ぜざれば、大に感服して、只管隨身を請ふ、余之れを拒みて、御邊《こへん》は高名の人なるに、今若し余に隨身あらば、必ず師家の恨みあるべし、敗れて隨ふは故實なれども、今は修行の助けと號して多くは隨はず、余も恨みを設けて何かはせん、隨身誓約の所存のみは止め玉へ、後來懇縁あらば、其熱心に愛でゝ、劍法の示談《じだん》だけは致すべしと言へば、小泉重ねて、然らば師家へ斷わりて後、改めて御願ひ申すべしと答へ、師家の目代《もくだい》に對して改流修行の斷わりに及びたる上、更に隨身を請ふ。

今は余にして承引せずんば、彼れの身も立ちがたかるべしと思ひて、終に門下に加ふ、吉田川も亦た、小奴《やつがれ》力士を渡世とすれども、所詮大關に登らんことも叶ひがたし、願はくば是れより先生に事へて、劍術を修行仕らんと請ひければ、余又之れを許す、其れより小泉に一卷の術を傳へて、諸方に遊ぶ、其名の聞えたるものも、往きて糺せば、擊つに足らず、國中余の風評を聞き傳へて尋ね來るもの多しと雖も、亦敢て勝れたる業あるものを見ず。

〇或時小泉の宿に尋ね來りし近郷のもの二人あり、劍術こそ不熟なれ、力量衆に超え、突倒し捻倒して、心の儘に勝ちを取る強氣者《したゝか》なりと聞き、これこそ我意を以て人を壓し、道理を掠むるの輩なれと思ひ、其乞ふが儘に立合はんとす、小泉進み出で、某先づ手合仕らんとて勝負を行ふ、小泉の某に及ぶべきにあらねど、其狀ニゴシ打ちの兆《きざし》專らなり、暫しにして勝負終り、更に余に立ち向ふ、余位を見定めて、五度ほど強く突き、躰にて當れば、倒れて踏み止まることを得ず、其れよりは唯言葉にて、ソレ突くぞと言へば、參りしと答へ、又聲を掛くれば、又參りしと答へ、後《しり》へに引きて進み得ず、彼れ退きて、他の一人代り出づ、是れこそ力量強き者にて、組打を望む氣色、位取の中に現はる、頓て打込み來るや否や、眞一文字に當り來るを受け流し、折敷きて胴を打てば、余の肩を越えて倒るゝこと七八度に及び、力盡き、色を變じて退く。

察するに彼等は余の力量を計らんとて來りしものなるべければ、席を換へて一禮を讓り、兩所の技藝感ずるに堪へたり、我等諸方を遍歴すれども、未だ兩所の如き業を見ず、力量と言ひ、羨ましき事にこそと告ぐ、是れ全く恨みを避くる和平の手段なり、打負かして後、程よく其心腹を釋かざれば、意恨を含む、此計らひ最も功者の入る所なり。

〇當國一の宮の邊に、山口某とて劍術を嗜みて敎ゆるものあり、使をもて余を招く、因りて小泉、吉田川を案內として彼の地に赴く、折しも二月の半ばなるも、山中四里の邊土《へんど》とて、道すがら寒さも一入强く、里には桃の花、李の花もあれども、此地漸く梅の梢に春を知るばかり、四方の山々雪ありて、宛がら風情異なる樣なれば、傍の茶店に休らひて、景色を打眺め、不圖腰折を思ひ浮べて、道の記に記るし置きける、

一夜ふり一日は消ゆる峰の雪
足らぬ住家に飽かぬ梅が香

日も入相の頃、山口某の許に着す、翌日多くの門下を集めて試みしに、一人として見るに足るものなく、只々恐嘆するばかりにて、中には今始めて劍術に段々の位のあることを發明せし輩も見えき、總て不熟の劍者は形を打つ故、おこりあつて先へ通じ、全くの勝負を得がたし、爾《し》かはあれども、形を打たざるにはあらず、形を打つは、進退筋骨に自然と覺えし心の透きを打つをこそ、打ち術と言ふなれ、猥に打つて打てず、突いて突けざるは、是れ形を打つが故なり、山口某の物語、

直《ちよく》にして面白し、其言に某近頃韜打《しなひ》の勝負を始めしより以來、孰れが師やら弟子やら、甲乙分り申さず、我等不熟にして最早及び候はず、去りながら形を遣へば、練不練のあや明かに見ゆ、如何なる委細に候やと問ふ。

余答へて、それこそ微妙《いみじ》き御尋ねなれ、道理を以て道理の通ぜざるは何ぞや、總て敎に自縛《じばく》と申すものあり、手の扱ひ、足の踏みやう、皆夫々の法あり、仕業の爲めに自からを不自在にして働く故、功者のものには叶ひがたし、韜打は縱横十文字、已が儘の働きをなす故、中々窺ひ易からず、形にて覺えし術は、理害に破られて危き所ありと言へば、山口大に感じて其席を去る。

〇山口の許に四五日も滯留し、後又所々を遊歷して本庄に還る、此地の邊に木村某と言ふ劍者あり、余を慕ふこと甚だ切なり、遠路を通へども厭はず、終夜語れども倦まず、余に向ひて、我等多年修業すれども、心に覺りて業に出でず、理は明かにして目には明かならず、故に未熟の弟子と雖も、輙《たやす》く勝つことを知らず、門外の術に渡りては、猶更覺束なし、此理を詳かに示し玉へと云ふ。

余答へて、是れ知らざるにあらず、心に覺りて、理に明かなれば、人を敎ふるに足る、業に出でずして、輙すく勝つことを知らざるは、則ち知るに近し、必ず憂ふるに足らず、他門に渡つて覺束なしとは定めがたく、一心決定《けつぢやう》こそ肝要なれ、余諸州を修行すと雖も、何れの人が名人か達者か、前には計り知られず、問ふ人皆門外にあらずと言ふことなし、左れども當る所未だ曾て不覺を取らず、或る時、信州に遊びて、善光寺の知己の許に宿す、其の近傍九旦《たん》村の郷民に劍を嗜むものあり、大力大兵にして、飽くまで慢心强く、常に東武には劍に達するものなく、偶々當國に來る劍者ありとも、我れに聞き怯して逃げ去るもの多しと廣言する由、或人此事を語りて、願はくば彼れが發心の爲めに其慢心を取り挫ぎ玉へと只管に乞ふ、余も亦た修行の一助なればと思ひて、彼れを招く、爰ぞ即ち一心決定の必要なる所、輕んじて深ければ度を失ひ、危ぶめば恐るゝに近く、恐るれば業凝つて自在ならず、此を以て人に依らずして唯己に依る、彼れは如何にもあれ、自からは多年の修行、技術を一機に發して、他念を顧みず、己を備へて、雜慮に蔽はれざるところ、是れ即ち決定の大事にこそあれ。

旣にして彼れ弟子十輩ばかりを誘ふて來り、對面終りて後、勝負を望む、左らばとて、廣庭に出でて雌雄を爭ひしが、左のみ達人とも覺えず、唯余が打てども、突けども、更に負けしと答へず、兼て自慢の手薄き道具とて、一つ〳〵に其痕つきて、皮肉うるめども、イツカナ厭はず、余手詰に近寄りて、躰にて、强く當り、雨落切石の内へ仰向樣に倒れし所を、尙ほも答へなき故、重ねて打つ、見る人餘りに手強しとて支ゆれば、彼れは手強き所こそ望みなれと言ひつゝ又も立ち向ふ、余手強く打つて、其の隙ある所を當れば、足留らずして倒るゝを、又上より散々に打つ、余面中を見るに、目の上に若干の疵ありと告ぐる時、忽ち血流れて目の中に入る、見るもの素破や怪我なりとて、大いに驚きて介抱す、立合是れにて終れば、人々慢心の根こそ絶えたれとて、悦ぶこと限りなし。

余席に復り見れば、彼れの隨へ來れる弟子一人も見えず、余心に思ひけるは、師の難を見捨てゝ行くとは何事ぞ、定めて所存あつての事ならん、左もあらばあれ、何程の事かあらんとて、一つの思慮を設く、余は豫て明日出立の事に約し置きぬれば、座中に向ひて、今日は珍らかなる手合にて、別して修行の本懐なり、特に遠路より、修行の方々もあれば、明日は滯留すべしと告げ、且つ彼の相手に向ひて、御邊怪我ありしと雖も淺手なり、何程の事かあらん、明日は外人と勝劣を試み玉へと言ひければ、彼れは最《い》と不興氣に答へて、其席を退く。

余は何事もあるまじけれど、斯る野人にして慢心強きものは意恨を含まんも計りがたし、侮りて油斷を生じ、若し不意の難あらば、悔ゆるとも益なし、不意を防ぐの術は、心を用ゆるの外なしと思ひ、其翌朝人々に別を告げて出立せしが川中島など過ぎし中は、オサ〳〵油斷ならぬ心地しける。

舟守に古戦場の跡など尋ぬるに、最《い》と懇《ねんごろ》に物語る、此處の名殘も坐《そゞろ》に惜しく思ひて、

言の葉に今もおけるや白露の

川中島に袖ぞぬれける

など口吟む、斯る事は、修行先中間々あることにて、只々其計らひこそ大切なれと語り聞かせ、其れより劍の仕業など様々說き示す、木村大に喜び、我智暗くして覺りがたし、願はくば教の條々、筆紙にあらはして授け玉へと乞ふ、余其志の淺からざるを嘉みし、閑暇に少しづゝ綴りて送る、其文に、

頃は文政五年の春故あつて木村姓の許にまかり、數多の門下打寄り侍りければ、稽古のまにまに、色々物語などし侍りぬ、木村氏は一入馴染も深く、殊に多日止宿いたし侍れば、多年粉骨の道筋など、終夜閑談せしことあり、又四方川氏も修行の熱心淺からず、劍術の言の葉など尋ねあり、且つ余が獨案の節をも懇望あるに任せて記し參らせ侍る。

劍術とは如何なるものなりや、治亂ともに備ふべき武の業にして、之を大にしては國を衛り、之れを小にしては身を守るの道なり、凡そ打つは業なり、術なりと雖も、目に見て腕にて打つのみを術とは言ひ難し、固より見て打たざるにあらずと雖も、唯目に見、手に任せて打つを術とせば、薪など

割るも剣術に等しからん、斯る類をもて剣術と心得なば、非に近し、然れば猥りに打つも、業にあらず、術にあらず、打つべきの道筋を學ぶをこそ剣術とは言ふなれ、抑々業とは打つ處一つ一つの業なり、業に先だつて業を遣ふものは術なり、其術は即ち心なり、然《さ》れば術は心より成るものにして、熟不熟に依つて高下あり、多く心を遣はざる修行者は、上達すること稀なるべし、心を用ゆるに品あり、及ばぬ所を用ゆるは損あり、至る所を用ひざるも之れに等し、構《かまへ》は何れと雖も理あり、唯心に構ふること肝要なり、氣は心に先だつて動くもの故、持ちたる太刀の先に萌なければ、敵を責むることを知らず、責め責めらるゝの境あるに依つて、意氣合の淺深あり、責むると言つて猥に近よるにあらず、物を見て居るものは太刀の精神弱し、形は直にして自在を善しとす。間合三段の位あり、即ち

前《ぜん》一中《ちう》一後《ご》

これなり、惣て己の太刀下三尺、敵の太刀下三尺、合せて六尺を勝負間《よ》と心得べきこと凡の矩《かね》合《あひ》なり、左れども上中下に依つて業の遣ひ處あり、上に對しては中の三段を除き「間合遠く」この場にて、位を取りて勝負を決す、中に對しては、前後中の段を除きて―間合六尺―此場を用ゆ、下に對しては、前にても、後にても、三段を除きて―間合近く―の二段を用ゆ、これ教へ取立つる位の場に

して當り烈しき處なり、これに依つて勝の勝にあらず、負の負にあらずと申すことあり。(三一頁參照)

打處にも品あり、強く打ち、弱く打つ、場に依りて打方一樣にあらず、拳などは弱く打ちても切るゝ處なり、初心多くは一樣に打つ故に、疲れ早し、打つ時におこりあれば、先へ通ずる故、打つこと難し、たるみ居付は非なり、皆進退度を失ひ、氣さしの拔けるものなり、打を持て待ち、待つを持つて打ち、退《たい》を持つて進む、これ利功の要用なり、積德鍛錬の上、萠前を知る、此場に融通なければ、術の證據とするものなし、固より已神《しん》をとらふる所なしとは雖も、寂然不動にして疾き處を發す、工まずして感ずるもの、これ無想なり、心の妙劍あり、實妙劍あり敎外《けうげ》別傳の位にして、慮智の述べがたき所なりと言へり、修行中途の士と雖も、無想劍なきにしもあらず、名人と雖も強がち證據あるにあらず、深く味ひ、淺く甘んじ、之れを得ること難しとせず、修行の道を絕つ、樂んで味ひ、味ひて苦しむに若かじ、美妙の術有るかとすれば無く、無きかとすれば有り、遠山の霞の掩ひたる如く、あや明かならぬ心地するものなり、これ峠を越すの中道なり、この場の修行大切にこそ待たれ、

深山にも開くや花の頃あらん
　春の心のよし遲くとも

聞説《きくならく》命日《ひつ》剣の術を問はる、答て曰く、草花の開くが如しと、旨いかな其言、多年の粉骨砕身の修行、◎針鐵の輪の如し、何ぞ遲速の場にかゝはらんや、自然に勝ち、自然に負くるなり、然りと雖も强なるものは理害の利あり、戰場組打手詰の勝負は重ねて物語り侍らん、惣て勝つ處に負あり、負る處に勝あり、これぞ目あてなるべし、これ有無の二にあり、二に扱はるゝ處修行なり、兩斷を離るれば物なし、これは又上段の穿鑿《せんさく》なり、高上の場を解きて、且つ解きがたき處あり、故に解くべし解くべからずと言へる說あり、推し明《あきら》めざる時は、却て迷となる、强ち六つかしき業とすべからず、只つゞまる所、突打拂の三川にして、勝負の二段なり、誠の勝は敵に在りて、已にあらず、如何ともなれば敵自然と勝を與ふるものなり、求めて勝利を得べきにあらず、打つて打てず、突いて突けず、これ求むるが故なり、自由の業をいだいて、自然の場を待つ、時と合すること、金石合して火を生ずるが如し、間に髮を容れず、こゝなり、詮ずる所業《わざ》の修行、專要に教導あられたきことにこそ侍れ、而して又理に入らずば、叶ひがたかるべし、理に暗ければ獸戰を免がれず、是に於て理業兼備にして達德あり、掛聲に三の聲あり、待つと居《ゐ》付《つき》との境を知り、見込み來る機を挫き、或は後の打ちを防ぐに足る、猥に聲を發すべきにあらず、折節旅宿人跡絶えず、閑暇これなきに依り、荒々綴りて、中道の場を物語に認め候、先月一覽に入れ候余が獨案のふみは、愚意も前後の處あり、其内添削の上、重ねて一覽に入る可く候、愈々切瑳琢磨の修行、第一肝要のことにこそ侍れ、麁《そ》文失禮多罪頓首。

文政五年三月六日　　千葉成政

木村氏え送る

斯くして贈れば、木村某厚く謝しつゝ請けぬ。

○余駿遠を修行せばやと思ひ、柏原と言ひしもの一人引連れて、江府へ出立せしに、計らずも本庄の驛に留められ、此處に暫く滯留す、參州御油《ごゆ》のほとりに竹内某と言ふものあり、余の修行に出でしことを聞き傳へ、書翰を以て頻に招く、止むを得ざれば、八月上旬本庄を辭して、木曾路より參州に向ふ、信州高遠のほとり狐島と言へる處に知己あり、途次其宅におとづれ、又山路を踏んで行く、途中種々の事あれども、一々書き記すに遑あらず、此あたりは山谷を越ゆるに、馬の背を借らざるを得ずと雖も、邊土にして馬を繼ぎ求むること甚だ困難なり、村長鐘を鳴らし、貝を吹きて、樵夫耕夫を呼ぶこと喧びすしと雖も、其間に多くの時刻を費すが故に、一日の行程、纔かに六里を越えざりしことあり。

漸くにして參州なる竹内の許に達すれば、一家擧りて、遠來の勞を謝す、是れより、暫時此處に滯留することとなりたりしが、此家に一子あり、壯歲にして劍を嗜む、幾許の門下ありて、日々に稽古に來り集る、其中に一人の難劍あり、生質氣合の變化ありて、足など打つに、能く人を惱ます、左れば上達の業かと見れば、左にあらず、全く己を捨てゝ打つが故に、これに應じて防がんとせば、却て打たるるなり、余或日門下を集め、一尺ばかりの小韜《しなひ》をもて三十本の勝負を試みんと言ふ、竹内これこそ勇々しき試合にこそ候へとて、不審の躰にて見物す、敵手は例の難劍なれば、容易すく勝ち得まじと思へる狀なり。

既にして手合始まり、見證の者ありて、一つ〳〵勝負を書き記すに、都合三十本の内にて、相打は纔かに三本ありしのみ、其れさへ漸く後の屆きしまでにて、眞の相打にはあらず、竹内大に仰天し、始めての術の神妙なるを見しとて感嘆措かず、左れども別に不思議にはあらず彼れは劍難なれども、場數を經ざれば、常に用ひざる搆などにて、氣合ばなれし場を遣ひし故、進退度を失ひ、疑ひ危むの念起りて、たるみ居付く所を、打つて取り、引ぱづして打ち、或は打たんと起るかしらを打つて、後の打ちを止めなどせしこと自在なりしに出るなり。

竹内余に向ひて、小太刀を持ちては、付入つての勝ならではならぬものと思ひしに、離れし術の仕業こそ不思議に候へ、我等最早晩年に及べども、唯今の御手並を拜見して坐《そゞろ》に隨喜の念を生じ候、願はくば其術を授け玉へと、只管請うて止まず、其志切なるに依りて、余之れを諾し、蓮折《はすをり》、長《ちやう》短《たん》、捨目《すてめ》附《つけ》と言ふ三つの矩《かね》あり、此術余が自得の別傳なり、これを得ること易からず。又導の教あり、一時に發てがたし、我が傳を得んとならば、心氣力の三を知り玉へ、兵家の勝は傳へがたしと雖も、後日他聞を去つて傳ふべしと言へば、喜色を現はして其席を去る。

○惣じて劍術に達者、功者、上手と言ふあり、此三段の上を越えねば、名人の位にあらず、達者、功者の間に分ちがたきことあるものなり、平たく說かんに、達者と功者と試合の勝劣を見るに、達者は當り烈しくして、功者は當り少なし、打たれしものは負けにやある、打ちしものは勝ちにやある、此分ちを知らねば、達者も失あり、功者も失あり、最負を離れて言ふ時は、多く打たれし方負けなり。

去りながら勝負とは雖も、試合の場なれば、又言ひ難きことあり、達者は先々《せん〳〵》の先をもて、縱横無盡に己を捨てゝ打ち込む故、形甚だ忙《せ》はし、功者は氣合の上は、太刀を取つて彼れに應じ、打たれども心氣動ぜず、其狀裕かなる故、功者の方餘程優りて見ゆるものなり、左れども失も亦た此に在り、達者ならば飽まで達者の心得あり、善き圖に先を打ちなば、勝をあらはすべし、透《すき》あらば躰にて當り倒すべし、或は組しきて目覺しき勝を見すべし、斯くして息合に負けず、根たやしに勝を取る時は、達者は潔よくして、功者よりは遙かに勝れて見ゆるものぞ、功者ならば萬事功者を用ゆべし、彼れが强弱をも見切りて、深負を取らざる樣、掛引をもて扱ふべし、勝負口を明かに分て見すると、氣ざし拔けて、强く疊み掛けて打てぬものなり、善き勝あらば引分れ、餘り息合の盡きぬ内に、向ふの癖を知り、三本にても五本にても見事の勝を取らば、其儘止むべし、斯くして見すると、達者より功者の方又段違うて善く見ゆるものなり、多く打たれて目に立たず、纔かに二三本にて善き勝は目立つものなり、是を以て達者と功者との間に分ちがたき位あり、上手は此場に投はれず、達者功者の上にあれば、烈しき業にあくまず、待と居付を知る故、手段にも陷らず、敵人だけに勝つもの故、達者功者の及ぶべき所にあらず。

　去りながら他門の試合には、多く打たれし方を負けと言はるゝものぞ、何れにも彼れを打ち、我れを全うするの術には違ひなければ、打たれて論なし、然るに闇きの、無理のと言ふ說は、皆非論なり、無理に負くるの術、却て耻づべきことなり、闇《あ》に打たるゝは又已に明かるからざればなり、ニゴシ打たるゝなども、己及ばざる故なり、勝口を知ること肝要なり。合打と言ふに、大方合打にならざるあり、よく／＼心得べし、彼れを強く打つて輕しと思ひ、己れ輕く打たれて強しと思ふべし、これを修行の本意とす、所謂名人は心氣力一致にして、大圓滿々たり、未萠の機を知つて、疾《と》き所を發す、不思議の神勢、豈譬ふべけんや、勤學の眼目此に在り、努むべし。

○構に品あり、十分に防ぎし構は、善き勝少なきものなり、打つ間を與へ置かねば、打つて來ぬものなり、十分に打つて來らねば、十分の勝はなきものぞ、是を以て心に構へ、形をば與へて、心は與へず、彼れを知つて、己を知られざること要術なり。

○竹内の宅に數日滯留しけるが、此地は海邊なれば、下部共夜な／＼魚を獲て歸る、余如何にして獲るぞと問へば、汐に後れて、さまよひ居るを拾ふものなりと答ふ、余其は不思議なりと言ひしに、徒然に在はさば、今宵魚拾ひに罷からんと誘ふ儘、其夜一兩人と與に長き松明を照らしつゝ磯邊に到り、干潟を南へ指して行けば、此處彼處にあらさまに魚の居りて、之を獲ること限りなし、左れども皆大魚にはあらず、興に乘じて色々の貝など拾ひ取り、思はずも沖へ三丁ばかり出でしならんと心付き、且つは夜も深更に及びて、坐《そゞろ》に寒さ身に泌むを覺えければ、案内のものに向ひて、夜も痛く更け渡りぬ、最早歸路に就くべしと告げ、後の方北を指して還る。

然るに這《こ》は如何に、行けば行く程汐深くして還ることを得ず、何れも途方に暮れつゝ、これでは行かじ、こちらならんとて行けば、潮倘々深きに、只其處よ彼處よと遽《あわ》つるばかり、終に還ること叶はず、余扨こそ大事なれ、斯くして隙取るうち、潮滿ち來らば叶ふまじと思へど、土地の人すら迷へる程とて、奈何にとも詮術なし、星を見て方角を知らんと思へど、生憎空掻き曇りて見え分かず、用意に背負ひし松明を一度に點ずれば、其火光白晝の如しと雖も、又行かんとすれば、形の如くに深し、口々に海狐とやらんの所爲ならんと罵《のゝ》しりつゝ互に顏見合せて呆れ果つ。

余心氣を潛めて默考する中、遠く千鳥の啼く聲聞ゆ、是に於て屹度心に思浮びしことこそあれ、昔者《むかし》太田某と言ふ人、夜陰に乘じて唯一騎物見に出でしが、此のあたりは海邊なるに、夜暗くして潮の滿干を見極むること能はず、暫し馬を汀に立つる內、不圖千鳥の啼く聲を聞きつけて、

遠くなり近くなるみの濱千鳥
啼く音に潮の滿干をぞ知る

との古歌を思ひ出でゝ、潮の干潟を知りしと聞く、今千鳥の聲する方こそ正しく干潟なれ、其聲を賴

よりて行き見ばやと思ひ、今まで方角違ひと思へる方へ進み行きしに果して干潟へこそは出でけれ、何れもホッと息を吐きつゝ、これぞ神佛の加護ならんと悦ぶものあり、折しも村雨降り來り、衣服そぼ濕れて、寒さ最とゞ堪へがたし、磯邊に上りて、辻堂の前に松明を打ち重ね、其處彼處の落葉など掻寄せて打ちくべ〳〵、各々寒氣を凌ぎ、衣服を乾かし、或は取獲し蛸、海老、蟹など炙りて食ふものあり。

斯かる折りしも、行き暮れし人にやあらん、男女打混りし旅人、此處に來りて、煙草の火を貸し玉へと乞ふ、斯かる體を見てさへ氣味惡る氣なる狀なりしを、中に輕口の男ありて、旅人易きことなり、火は貸し與ふべし、其代り酒手を置きて通るべしと調《からか》へば、扨は追剝の類ならんと思ひてや、アッと聲立てつゝ、命から〴〵逃げ去りぬ、由なき戲れかなと思へど詮なし、頓て家に還りて事の由を物語れば、海馴れし老人、案内の者を叱りて、海邊に多年住みながら、辨へざるこそ不覺なれ、何故松明を消さゞりしぞ、如何なる闇夜と雖も、火を離るれば、沖と里は分るものぞと言ふ、實にも道理なるべし、松明あれば、只眼前のみ見えて、遠方は見分かぬものなり、左ればこれも修行の中の一助と覺りし事にぞある。

〇頃は秋の末つ方、此地の鎮守祭とて、行きかふ人も多ければ、余も誘はるゝ儘参詣せしに、老いも若きも群集して、其雜沓いふばかりなし、境内にては芝居狂言の催あり、役者は皆土地の者ばかり、常に田を耕やし、汐を汲み、又は木樵などするものゝ所作なれば、一入興あり、余思ひ浮べる儘、

骨折やたまさか秋の宮芝居

との一句を懐紙に染めけるを、傍に伊勢の御師《おし》あり、強て請ひ見て、即座に

ひやり〳〵と父が汗かき

との脇をつく、これにて尚更可笑しき狀の見ゆ、翌日も又祭禮あり、此地の力者、先頃當國吉田邊の相撲に兩關を破りし祝ひの爲め、弓取角力を興行するとて、其評判喧すしければ、又行きて見るに、結びの弓取勝負となるや否や、關取手もなく負けしことの可笑しさに一句

關取や負けて褒美に聲ばかり

歸るさに雁の渡るを見て、

初雁の相撲くづれの歸り路

など口吟みつゝ家に還る、一日、當國吉田邊のもの四五人連れ立ちて尋ね來る、余何者ぞと問へ

ば、相撲渡世のものゝ由にて、只管對面を許されたしと請ふ、何かは知らねど、出でゝ對面すれば、先づ近付の一禮を述ぶ、余何用ありて參りしやと問へば、年寄りし力士、今日御尋ね申せしこと別儀にあらず、私事多年角力を生業とせしが、今は年老いて、弟子共の教へにも倦み果て候、甚だ不禮には候へども、弟子共へ角力の稽古こそ願はしう候へと言ふ、余答へて、其は興あることかな、今まで劍者に逢ふこと數度に及べども、力者の訪問を受けたる例なし、何にもせよ折角の來訪、其意も捨てがたし、余は角力の業にも達せず、稽古を致し遣はすべき謂はれなしと雖も、兎も角慰みの爲めならば、手合すまじきにもあらずと云へば、年寄りの力士、何れにも御願ひ致したしと乞ひしかば、然らば庭に土俵を設けよ、其隙に寄り合へるものに、劍術を指南すべしと告げて、劍術の稽古に及ぶ、力者等も傍に在りて見物しけるが、手強き仕業を見て、心に驚き恐れし狀なり。

頓て劍術の稽古終れば、余左らば是れより角力の手合すべしとて、褌《まはし》を引き締めて出づれば、彼方も同じく仕度して立ち向ふ、これこそ先の日、大關を破りしと言ふ力者なり、壯年と言ひ、屈竟の男なるが、立合ひ見れば、功者の位も見えず、扠引つ組みしに、力強けれども、備悪しき故、内柞を掛くれば、直さま倒る、又取組みて又倒す、是れより立合數度に及べども、一も通ぜざれば、聲を掛けつゝ頭にて余が胸に當り、暫しにして疲れて退く、又一人代りて取組む、これは少しく功者あれど、力弱く、忽ち疲れて退けば、又一人代りて出づ、これは更に弱くして物にならず。

余は心に彼等は何しに來りしものぞ、全く余を耻かしめんとての事ならんと思ふものから、餘りに角力の手捌悪しければ、余が聞き覺えし差手の事、下手褌《みつ》を取ると取らざるとの損得、上手褌に得ある事、褌を切る事、其他四つ身の居直り、卷き落し、掬ひ投げなど、様々の仕方を敎ゆれば、皆感じて悦ぶこと限りなし、彼等頓首しつゝ、願はくば憐愍を以て、此後の角力の業を敎へ玉へと請ふこと切なり、余笑諾して、世の物語に暫し時を移す、斯かる事も修行の折柄なれば、氣剛《きごわ》の一助となりし心地ぞする。

○諸國修行の身には心得べきことあるなれ、形は如何にもあれ、表は如何にも實直にして心根虎狼の如くに用ひざれば、叶ひがたきことあり、對談には禮を厚くし、業にわたらば、禮を顧みること勿れ、聊か助けざる働き、虎狼の野獸を責むるの心を用ゆべし、斯くして言葉は平和を以て禮を厚くせば、感服して怖じ恐るゝものなり。

○邊士には動もすれば大勢を催して、闘爭に及ぶことあり、余諸州を經廻りて、又上州に赴く途中、武州熊谷のほとりに石丸某と言ふ寄邊ありて訪づる、頃しも正月の末つ方、老いも若きも皆陽氣だち、庭に筵など敷きて、夫々劍術を嗜むもの、其處彼處にありし時とて、滯留四五日の間、來りて試合を請ふもの多く、其評判喧すしきにや見物に來り集まるもの亦た少なからず。

或日、家の主人聲を潜めて、先生去年參州に於て秋山某と對顔ありしと承はる、左樣の事候ひしかと問ふ、余如何にも參州に在りし時、彼れの彼の地に居りしと言ふこと聞き及びしも、曾て彼れに出會せしことなしと答ふれば、主人不審の面色しつゝ、重ねて秋山は彼の地に於て先生と手合しと自ら語り、且つ我れは日本一なるが、七分三分の勝負を決せし故、千葉は日本三番の遣手なりと申せし由專ら評判せりと語る、余聞いて大に笑ひ、一なるか、三なるか、今まで出逢ひしことなければ分りがたし、兎にも角にも彼れと出會せしことなきは、皆人の知る所、彼是爭ふも益なしと答ふれば、傍聽きせるもの、皆扨々彼れは奇怪の僞を申すものかなと憤慨せざるはなし。

其翌日、余諸所へ使を出だして劍客を招く、武州忍《おし》の家士に森本某と呼ぶものあり、豫て余を招きしに依り、これへも案内せり、吉田川忍よりの歸途、熊谷に廻りて、知人に逢ふ、其人明日は此處より眞劍勝負に行くものある由、御邊は其場を遁れ玉へと忠告せし旨、歸りて余に語る、余其は必ず秋山とやらの計らひならん、彼れは參州にて余と手合せしと僞言せしに、圖らずも余に問ふものありし故、明白に其虛僞なることを人々に語れり、彼れ之れを爭はんに由なく、斯く言ひ觸らして余を威さんとするものならん、若し眞に來らば、計らひ方もあるべし、捨置きしとて何事かあらんと答へて、敢て意にも介せず。

其翌日、森本某より弟子一人使として來り、今日主家に於て大切の評定之あり、家士一同他出すべからざる旨申渡されたれば、餘儀なく不參する旨を述ぶ、余其勞を謝して餘事を語る、使ひのもの、只今熊谷驛を通行せしに、大勢のもの眞劍の勝負ありとやらにて、此地の方に馳せ參り候、如何の事に候やらんと言ふ、余答へて、それこそ此處へ來るものなるべけれ、豫て流說ありしことなり、氣遣はるゝこと勿れ、上には法あり、下には愼みあり、何ぞ私を以て公法を犯すべきや、來らば答ふるに道ありと語る折りしも、早や門外に人聲して、大勢のものドヤ〳〵と入り來る。

主人出でゝ來意を問へば、立合を願ふとの旨を述ぶ、聞きて、「苦しからず、余これへ通すべし、我れ自から對面せん」と言へば、彼等「イヤ對面には及ばず、且つ立會も今日には限らず、明日にても此儀承引あるや否や承はりたし」と言ふ、主人之れに對して兎や角論ずる体なれば、余は「何れにもせよ直談せん」とて、一同に對面す、其間に來り集りたるものは五百人ばかりもありて、庭中に充滿し、中に二人の出家あり、余是等の樣子を見屆け、扨彼等に向ひて、「能くこそ入來せられ候へ、豫て秋山氏の事は承はり及びしに、計らずも今日大勢の入來ありしこそ珍重なれ、余も修行中の事なれば、誰人にても苦しからず、即座に試合致すべし、イザ各々等も御支度あれ」と言へば、彼等口を揃へて、「我師秋山は所用ありて參らず、今日はこれなる一人だけ立合ひ、其外は見物致すべし」と答ふ。

余は不禮なる申條かなと思ふものから又心の中にて、今日これ兩僧の來り居る体より察するに、此中の一人出でゝ立合ひ、若し負けなば、勝負を論じ、夫れにても叶はずば、眞劍を望むべく、其時兩僧出でゝ扱ひ、且つ意恨の殘らぬ樣になどゝて、盃の契約をなさん結構なるべし、是等の事は、郷中惡者共の中に間々ある振舞なりと豫て聞き及びしことあり、これ全く秋山の計ひに相違なしと察しければ、重ねて彼等に向ひて一人にても、幾人にても、望みの面々と手合すべし、余は何地にても望みの人を斷わりて還へせし例《ためし》なし、明日と申す約談甚だ然るべからず、早々支度あれよと促がすに、彼等は何の答へもなく只遲々として時刻を移す、頓て一人進み出でゝ「今日は道具を持參せず、如何すべきや」と言ふに、余「道具は幾通りもあれば、御用立つべし」と答ふれば、彼等又借用の品にて用ひにくしと言ふ、余「然らば取持の品を取りに遣はすべし」と促がす。

思ふに彼等は眞劍勝負などゝ觸れ込みて、大勢押し寄せなば、必ず恐れて手合すまじと思ひの外、余が即座に承諾せし爲め、案に相違せしものなるべし、左れども事此に至りては彼等は如何ともすること能はず、彼是手間取りたる上、漸く立合に及びしかど、其狀甚だ卑劣なり、余先劍を打つて見すれば、彼れ「相打なり」と答ふ、後の打ちもかゝらずして斯く言ふは不法なれども、余は此れには拘はらず、終りの一本位を取りて、追て眞向を打てば、餘りに拍子拔けして、相打との斷りも出ざりしぞ笑止なる。

勝負は此れにて止みけるが、大勢のもの拳を握りて控へ居れども、論ずべき所なく、各々閉口して、挨拶もそこ〳〵に退く、左れども彼等は皆十丁ばかりの處に屯集し、「今宵夜討を掛くべし」など犇めき合ひければ、人々大に驚きて、内通に來るもの區々なり、既にして日は全く暮るれども、彼等は更に引取る体もなければ、村長又大に驚きて、秋山の振舞只事にあらず、此の上は村中へ觸れ示し、人數を集めて防ぎ申さんと言ふ、余之れを止めて、「必ず騷立つこと勿れ、余に所存こそあれ、幾人夜討に來るとも、更に恐るゝに足らず、左れども一家の人々之れを憂ひ、村中の人々亦難儀なりと思はゞ余は是れより吉田川を引連れて、野宿を設くべし」と言へば、主人石丸老師自若として驚かず、面白し〳〵、我等も老後の樂しみに、夜討の働きを一見せん、拙宅を野陣とも覺して緩々御休息あれ、事、急事あらば、我等も一方の防ぎを承はらんと言ひ放てば、人々之れに勵まされて色を直せるも可笑し。

余村長等と快よく酒宴せるを見て、人々大に危み、「斯る非常の變事に臨みて、何の用意もなきこそ心元なけれ、何れか一方を固め置かれて然るべし」と言ふもあれば、「イヤ〳〵左にあらず、用意なくして、用意あるに優りし大勇、我々の料り知る所にあらず、氣遣ふこともあるまじ」と言ふもありて、次の間の衆評囂々たり、余酒席に在りて之れを聞き、「今にも夜討を掛け來らば、此家の人々一人も戸外に出づること勿れ、余に龍尾返しと言へる法あり、夜討に行ふの術なり、幾百人にても押し寄せ來れ、我等此術を以て働き見すべし、暗夜に龍の起る仕業こそ好き見物なれ」と言へば、人々聞きて安堵の色を現はし、「左らば恐るゝに足る者なし、此大變に臨んで、悠々と酒宴せらるゝこと、只事とは存ぜざりしに、果して斯かる手段こそ在はしけれ、扨々氣味好きこと哉」など言ふもありき。

夜も早や深更に及べども、彼等は更に寄せ來らず、其中に注進ありて、屯集せる大勢の者共、皆引き取りしと告げ來る、左もあらん、彼等は斯くして騒ぎ立つ内、若し余が夜分にも出立しなば、「千葉こそ夜逃げしけれ」と言ひ觸らさん企みなりしに、終に其甲斐なくして、折角の計略全く齟齬せしこそ、如何ばかりか本意なかるらめ、此れも修業の一助となりし心地ぞしける。

○斯くて其翌日も稽古などしたる後、それ〴〵暇を告げて、秩父に向ふ、寄井村と言ふ所に到れば、吉田川「當所にも劍の師あり」と言ふ、往きて尋ぬれば、幸ひに在宿せり、對面の上、秋山等の所爲など物語りしに、「兎も角も今宵は止宿あるべし」とて留む、彼れが樣子を見るに、童子を集めて、手跡素讀など敎へ、時々劍なども敎ゆると覺しく、秩父に於て高名なる劍者某の一族にして、其身も亦た聞ゆるものと言はんばかりの態なり、彼れ「今日は日も未だ高し、一本手合致したし」と言ふまゝ、諾して勝負を行ふ。

所謂村學究の天狗にして、兎角頭《づ》高《たか》の身振りなどする故、鞱を肩にかけて、左右に張倒すこと三十度ばかり、聊かも打出すこと叶はぬ程に退治つくれば、彼れは膽を消したる体にて早々に止む、其心底には不興なれども、それと言はれぬ風情あり〳〵と見えければ、余復た例の舌刀用ひて「御邊は幾年ほど修行ありしや、余諸州を遍歷すると雖も、未だ御邊《ごへん》ほど心氣の迫りし術を見ず、打合の場を放れし、仕業感ずるに堪へたり」と稱ふれば、彼れは斯く仰せらるゝこそ最とゞ恥かしけれ、唯今の樣になりては、我が弟子大勢ならば、秋山が如き働きなすまじきものにあらず、斯かる見苦しき体に打負かされては、以來弟子へ對して師範の術もなく、何とか譯を付けねば、身の立ちがたければなり、我等も今にして始めて此境を知れり、去りながら御宿をも致せば左樣の心得違ひあるべきにあらず、御心置きなく休らひ玉へ」と、打解けて語る、余又「尤もの御物語本意にこそ候へ、左きらば愚意を陳じ候はん、今御邊の術は、心氣通るに足りて、業は通るに足らず、故に業を以て破るの虎口《こだち》あり、余は御邊の術、心氣通るが故に計らずも破り得しのみ、必ず憂ふることあるべからず、此の上は拔群の鍛練こそ肝要なれ」と告げ、再會を約して無事に立ち分れたることあり。

諸國修行中は種々の事ありて、懸引を要するものぞかし、目立つほど勝たねば、格段の名は立たず、勝つて解かざれば、又妬を生ず、心得べきことになん。

○其れより諸所を遊歷し、上州高崎に到りて、暫く足を停む、門下集まり來りて、日日に勤學す、細野某と言ふもの、余に向ひて、「我等心願こそ候へ、當國伊香保宮へ門下一同の姓名を記せし額を奉納せんと存ずるなり、若し御許容あらば、門下の喜悅何事か之に若かん」と言ふ、余之れに答へて、「此の事名聞に等しくて、好むべきことにはあらず、左れども神德を祝する節もあれば、強ち止むべきにもあらず」と告げて、其意に任すれば、一同の評議忽ちに一決す、元來浮華を尙び、虚榮を誇るの國風なれば、此評判早くも遠近に流傳すること、宛がら響の聲に應ずるが如し、「これこそ日本無双の奉納なれ、誰かは及ぶものあらん」など言へる評説、國中に隱れなし。

用意も夫々運びければ、愈々文政五年四月八日を卜して奉納するに決す。

然るに三月四日より、當國動堂《ゆるぎだう》と言へる處に、他門の劍者三百餘人の會合ありしと云ふ、其仔細を聞くに、彼等は眞庭某の門弟にして、今度千葉なるもの、當國に來遊し、諸所の闘諍を破りて其沙汰國中に隱れなく、小泉以下其門下に降るもの多し、今若し伊香保の神社に額を掛けられ、師家の舊門弟多く其氏名を列するに於ては、十八代相傳の師家も此に斷絶せん、我等の生命に換へても救はずんばあるべからずと評決し、廻文を遠近に發して人を集むること急なれば、余の門下之れを聞きて、益々用意を進む、余は是れ虚却て實を生ずるの時到りぬ、如何樣の椿事あるとも、之れに處するの計策あるまじきにもあらず、後學の爲めともなれば、捨て置きて其成行を見るべしと思ひて、意にも介せず。

一日、他門の劍客、小泉の許に來り、「御邊緣ありて我等の師家に隨身しながら、今や飜つて他門に降り、剩さへ納額の志願ありと聞く、舊師を辱かしむるの振舞、御邊の爲めに取らざる所なり、願はくば御邊の姓名を額面に現はし玉はざらんことを」と說く、小泉色を正して、一道は何事に候ぞ、我等は師家へ改流修行の神文を出だして、他門に歸せるもの、我が姓名を現はせばとて、何の憚かる所かあらん、此後重ねて我が改流の事を問ひ來るとも、一々之れに答ふるの暇なし、御邊動堂會合の席に還りて、我が所思を告げ玉へ、各々にして眞に我れを感服せしむるの術あらば、我れ復た教を受けまじきものにあらず、劍を嗜むは非常の備となさんが爲めのみ、堅固の術を備へずんば、何の益かあらん、此儀よく〳〵傳へられよ」と答へて、彼れを還へし、且つ具さに余に告ぐ、彼等が斯る振舞に出づるからは、其會合の模様を探らざるも油斷に近し、明日は人を撰み、修行者に打扮《いでたち》して遣はすべしと思ひ、其翌日、五人を撰み出して、我々は修行の者に候、眞庭氏の高名を承りて推參いたし候ひぬ、特に近々伊香保に於て奉納も之れある由、旁々此筋修行仕りたく、御當家に於て早速御立合下され候はゞ、大慶之れに過ぎずと申入るべしと言ひ含む。

五人の中に力士岩井川なるものあり、後に釣合と改む、三尺八寸ばかりの大刀を帶し、四尺ばかりの大木刀に面、籠手を付け、自身に擔ぎて、眞先に進み、他の四人も亦た思ひ〳〵の打扮《いでたち》して行く、其狀頗る勇々しし、行程二里ばかりの間、農夫は鍬を休み、市人は道を開きて見送り、何れの劍者にやあらん、嘸かし大剛の勇士ならんとの評判おさ〳〵高きも可笑し、頓て眞庭の宅に到りて、案内を申入るれば、何れも大に驚ける体にて、留守と號して出で合ふものなし、一同然らば重ねて參るべし」と言葉を殘して歸りしに、此事動堂《ゆるぎだう》に聞ゆるや、倘々諸方へ使を發して人を集め、頻りに何事をか談合せりとぞ聞ゆ。

茲に又奇談あり、細野余に向ひて、「柏原は日頃早足の聞えあり、今度大阪に所用の候、彼の地より三日に還ることを得候はんや」と問ふ、余答へて「彼れは早足なれども、未だ遠路に遣ひて見ず、尤も先年伊香保より江府に遣はせしに、三日にして往返せしことあり」と言へば、細野「然らば大阪への使を賴みたし」と請ふ、余之れを諾して柏原を召し、「細野氏大阪に賴みたき所用あり、三日に還ることを得るや」と言へば、柏原「屹度歸り候べし」と答へて出發せしが、果して期日を違へずして歸り來る、人皆大に驚き恐れざるはなし。

斯くて豫定の四月八日は早や近づき、奉納の用意も亦た漸く調ふ、然るに其前々日即ち六日の早天、伊香保の村役木暮某訪ね來りて面會を望む、彼れは土地の世話役なれば、定めて此度の用向ならんと思ひて延見すれば、木暮「額面御奉納の儀に付、御支配所より急の御差紙ありて、只今罷り出づる所に候、承はれば眞庭の一族大勢手分を致して、奉納を妨ぐるの由其聞えあり、若し騷動に及びては相成らずとの事にて、其等に關はる御召しとこそ相聞え候へ、更も角も是れより罷り出でゝ相伺ひ候べし」と語る、余「然らば參らるべし、去りながら此方に於ては更に騷動に及ぶべき謂はれなし、此儀を申述ぶべし」と申含めて遣はす、頓《やが》て木幕歸り來り、御支配所より御達の筋は、「大勢相催して騷動にも及ぶべき風聞、大事の沙汰にも相聞ゆ、其方は村方の役筋なれば、奉納元へ申斷はり、先づ延日にても致して、騷動に及ばざるやう、取計らふべしとの仰に候、斯かる次第に候へば、何卒御奉納の儀は御見合はせ下さるべし」と申す、余答へて、實に尤もの筋なれども、此方に於て騷動致すべきこと更になし、門下に遺恨あるや計られずと雖も、余は當國に於て恨みを受くべき覺えなし、奉納の儀は心願ありて時日をも撰みしことなれば、今更延日いたしがたし、此上は余唯一人罷越して奉納すべきに付、此趣其筋々へ申し達せられよ」と言へば、木幕之れに同意して、又々支配所へ馳せ參ず、既にして又歸り來り、「委細御役所へ申出で候處、大勢待ち設けし處へ、一人にて參りなば、何樣の變事あらんも計りがたし、奉納の節は、此方にても檢視致しても苦しからず、只此場合一先づ延引あるべきやう、其方能々取扱ふべし、何も江府より奉納を差止められしと申す筋にては之れなく、此儀を以て取扱ふべき由仰せ含められて候」と物語る。

余「此上は制法を犯すに似たり、今は止むを得ず」とて、夫々へ延日の旨を申し送る、然るに此流言四方に傳はりて、騷動大方ならず、「素破や野分にて眞劍の勝負始まりしぞ」とて、老若男女の田野を馳せ廻るもの夥しければ、地頭、庄官、役筋の面々馳け廻りて制し止めんとす、固より虛傳なりと雖も、其風評喧すしければ、或は禁足を命じ、或は逼塞を申付け、或は役所へ呼び付けしとの沙汰又夥し、玆に引間村に佐鳥某と呼べる同流の士あり、專ら此度の事に力を盡す。

九日、余は釣合、吉田川を案内者として佐鳥の許に往きしに、門下又集りて評定す、佐鳥屹度一同に向ひて、「一昨日以來、眞庭の一流、四方より手分けして伊香保へ登りし人數一千人ばかり、地藏河原に備を立てゝ待ち設け、此方より押し行かば、所詮劍術にては叶ふべからず、鐵砲にて打ち取るべしとの手段なりと聞く、如何なる遺恨ありて斯る振舞に及べるやは存ぜずと雖も、兎にも角にも之れを聞きて其儘行かざるは勇なきに近し、今は死生存亡も顧みるべき時にあらず、我が門下の志あるものは跡に續けよ」と言ひ放ち、更に釣合に向ひて、「御邊《ごへん》に今生の賴みあり、我れと倶に伊香保の原に往きて、生死を決し玉へ、此に九尺ばかりの太き樫の棒あり、奴原鐵砲を打ち掛くべしと雖も、額面を眞先に押立てゝ、楯となさば、厚さ一寸五分の槻の板なり、何條獵師持の小筒にて打拔かんことの叶ふべきや、易々と押して、手詰とならば、御邊は楯の陰より現はれ出で、樫の棒にて當るを幸ひに諸脛を拂ひ玉へ、奴原の怯む所を、我れ亦た二尺八寸の大刀を揮うて、双金の續かん限り働くべし、一千ばかりの集り勢、何程の事かあらん、瞬く間に蹴散らすべし、最早衆議に時刻を移すべきときにあらず、イザ打つ立たん」と述べて、用意に取り掛かる。

余此体を見て佐鳥に向ひ、「扨も潔よき決心かな、武邊の本意之れに過ぎずと雖も、又其意に任せがたき所あり、如何となれば私の宿意を以て、公法に背くは、狼籍に等しからずや、此場は暫く捨て置き、後日我れ眞庭の宅に行きて、勝負を決せん、勿論大勢にては徒黨に等しければ、只五七人の手勢を撰みて行くべし、彼れも劍家なり、我れより修行試合を申込むに、何ぞ承引せずして濟むべきや、我れの望みは素面素籠手の試合に在り、斯くして生死あるとも、亂暴には當るまじ、利全の上は、古例に任せて誓紙を取るか、左なくば當國神社の額面殘らず外さしめん、此計ひこそ尋常なれ」と言へば、佐鳥「扨も殘念なる事を承はるものかな、當國の人氣は中々左様の段にあらず、若し此度の奉納を妨げられなば、何を以てか此恥辱を雪き候はんや、我が門下に對する指南の道も、最早絶え果て候」と憤慨し、兩刀を取つて庭中に投げ棄つ。

居合はす人々は皆佐鳥の門下なり、余の言ふ所は聞だるし、卑怯の計ひなりと思へる体なれば、今は余も亦一考せざるべからず、抑々余が主願より事起りて、多くの人命に關する大事に及べることそ遺憾なれ、野人を相手に死を極むるは、獸戰にして犬死なり、武士の甚だ恥づべき所なりと雖も、去りとて死を惜みて、卑怯の計ひをなせりと思はれんも、亦口惜しき次第ならずや、特に諸方の門下も追々に駈け集まり、皆必死を覺悟して、我れ後れじと勇み立つるに、何を説けばとて其の耳に入るべきや、今は是れまでなりと意を決し、屹度佐島に向ひて、「御邊の申さるゝ所も尤もなり、此上は我れも俱に伊香保に登るべし、抑々余は敢て死を恐るゝにあらず、其源を糺せば、彼等諸所の鬪諍に於て余の爲めに破られ、剩さへ名ある勇士の余に隨身するに至りければ、世の人口を防ぐに由もなく、其上額面を奉納して、隨身者の姓名を現はされんは、恥の上の恥なりと思ひ、身命を捨てゝも之れを妨げんと計るものなるべし、然るに此沙汰既に公邊に達して、奉納の延日を命ぜらるゝこと兩度に及べり、公事を重んじて之れに從ふは、決して余の卑怯にはあらず、余何ぞ鼠輩を恐るゝものならんや、去りながら余獨り之れを愼むとも、若し他に之れを破るものあらば、矢張余の責なり、事此に及びては是非に及ばず、イザ余も俱に參らん」と告げて、用意に及ぶ。

引間村より伊香保への山路五里に過ぐ、一同既に結束して出で立たんとする時、一人馳せ來りて、「眞庭の人數、既に伊香保を引取りて、惣社町の某家に止宿する体に候」と告ぐる折柄、又一人馳せ來りて、「眞庭の者共、昨夜五ッ時頃、伊香保に於て、千葉の者共夜討に來りしと騷ぎ立て十一軒に止宿せし大勢の者共、一時に起きて身支度を整ふ、散らし髮に白鉢卷のものあり、鉢金を被りしものあり、死裝束と稱して白無垢樣のものを着せしものあり、着込の袴に大小を帶せしものあり、手に／＼提蠟燭を持ち、六尺棒を携へて頭取眞庭の止宿せし木幕の家を固め、門の入口には高張提燈をつけ。往來は棒にて停め、一々名前を糺さゞれば内に入れず、眞庭は二階に居り、左右には槍、長刀《なぎなた》の鞘を脱して拵へ、階子段の登り口には刀を抜きて構へ居りぬ、斯かれば市中の騷動一方ならず、家家皆戸を鎖して、内に潜み、絶えて外出するものもあらず、寺院の僧侶、村役人等何れも御役所に駈け付けて注進に及びしと承はる、斯くて眞庭の者共、此勢にて打つて出でんと評定せしも、相手一人もなき故、其儘となり、今朝伊香保を引取りて、只今惣社町へ通り掛かりし所なり」と告ぐ、引續き種々の注進あり、是に於て評定又一變し、善き所の出會なり、早々惣社町へ押し行くべしと言ふに決す。

此沙汰矢の如くに遠近に達すれば、扨は大戰なりとて、人々大勢駈け廻りて見物に出づ、惣社町は當村を距ること、纔かに十一二町に過ぎず、余屹度思慮して、佐鳥に向ひ、早々見屆の者をつけ主へ、矢庭に押入りて、狼藉の如き働きをなすべきにもあらず、先づ辯舌口才あるもの兩三人を撰び、余が使と稱して差遣はし、「只今惣社町へ止宿の由承り及ぶ、我等修行として來りて引間村に在り、直ぐ樣弟子引連れて、其れへ發足すべし、即刻試合あらんことを望む、若し其地に差合ひあらば、此地へ御入りあるべし」との旨を申し通ずべしと言へば、「實に尤もなり」と同意し、早々約合を始め口才あるものを撰んで使者に遣はす、人々伊香保の騷動を聞くより、益々憤慨し、「彼奴等の天下を恐れざる振舞言語に絶す、好し〳〵今に思ひ知らさん」と言ふもあり、「死後れて殘念なり」と言ふもあり、中には又如何なる珍事とならんも知れじと案じ煩ふもあり、彼是する內、晝の八ッ半時頃となる、來り集まるもの益々多く、其混雜筆紙に盡しがたし、何れも皆用意を調へて、使者の返答遲しと待ち設く、程なく使の者歸り來りて右の趣申入れ候處、「過刻既に眞庭へ出立せし旨申し斷はり、何れ此の方より眞庭へ申し通じて、御答に及び申すべし」と答へ候、木刀、槍らしき品々、菰に包みて庭に差置きあり、大勢の止宿とも相見えず、「察する處此地の沙汰早くも相聞え候へば、早々出立せしものと覺し、先刻これへ參りし六郎とやらんは、正しく敵の間者に紛れ之れなく候」と語る、余之れを聞きて、「斯かる上は詮なし、此處より眞庭へは五里もあるべし、今は時刻も遲し、夜に入つては諸事の手つかひ不自在なるべし、明曉出立するに若かず、各々之れに一定すべし」と言へば、佐鳥を始め皆同意す。

　追々集まり來る人數大勢なれば、余は徒黨がましき嫌ひを避けん爲め、諸方に分ち置きぬ、佐鳥の憤慨兎角に止まず、余に向ひて、「明日眞庭に赴くとも、彼れ何條手合に及ぶべきや、臆病の餘りに大勢の人數を催せしと雖も、尋常の勝負は恐れて行ふべきものにあらず、必定又留事《るす》と僞はりて相斷わるべし、斯くては爭《い》かで此無念を晴らすべきや、伊香保の振舞は言語同斷にして、私の宿意にあらず、此旨早々出訴せんに若くことなし、我等是より直ぐ様出府いたすべし」と述べ、百方之れを止むれども、更に聞き入れず、早や出立せんと言ふ所へ、佐鳥の門下中里と言ふもの入り来り、「我等唯今眞庭より立ち歸り候、實は我等只一人彼れの宅に行きて、勝負を所望せしかど、留守と稱へて應じ申さず候」我等重ねて、「拙者は修行の身なり、木刀の試合にても、眞劍の勝負にても苦しからず、只當家の御望み次第に任せ申さん」と言へば、大勢居りながら誰とて應ずるものなく、主人は遠方へ參りて、歸日も相知れ申さずと斷わり候故、餘儀なく空しく立ち歸り候」と語れば、佐鳥聞きて大に叱り、「拔け駈けの働きとは以ての外の麁忽なり」と言ふを、他の門下傍より種々取り倣して詫び入り、余も亦た「斯かる時節、差圖に漏るゝは不都合なれども、これ亦た勇氣の一つなれば、甲斐なき事にもあらず、以來は愼めよ」とて呵責を止む。

後にて聞けば、眞庭に於ては是が爲めに恐怖せしこと大方ならざりしと云ふ、其故は眞庭某の歸宅するや、「如何なる變事出來するやも計り知れず」とて、大に氣遣ひ、近里の者共四九十人づゝ晝夜詰め居る所へ、唯一人來つて勝負を望むこと、決して只人にはあるまじ、況して斯かる折柄、木刀、眞劍にても苦しからずと申せしこそ不思議なれ、定めて天狗の業にてもあらんとて舌を卷き、密に其立ち歸る跡を跟けさせたるに、倉賀野宿にて姿を見失ひたり、折柄晩景なれば、定めて當宿に止宿せるなるべし、去れども我々の手には及ばずとて、其役筋へ訴へ出で、怪し氣のもの止宿候御詮議あるべしと申立てゝ、宿改を行ひたれども、終に見當らざれば、愈々天狗に相違あるまじとて、怪み恐れしとは笑止なり。

扨又佐島の決心頗る固く、理非の評議に拘はらず、急に發足して江府に向へり、若し佐島一人の短氣を以て出訴に及び、事愈々公邊の沙汰ともならば、上毛是れより長く劍道制禁の地とならん、特には双方東武に召されて尋問せらるゝこともあるべく、大勢の難儀此上あるべからずと思へば、余も大に當惑せざる能はず、既にして此事愈々公の沙汰に及ばゞ、證據とするものなくば叶ひかたしと思慮し、急に吉田川、釣合、細野其外一兩人を隨へて、伊香保に到り、木暮某の許に止宿して、種々の談示に及ぶ、木暮落涙しつゝ勇士の所存を述べ斯くなる上は是非に及び候はず、假令一命に掛かるとも、必ず思召に應じ候べし、我等亦眞庭の一類なりとは申せ、決して不肖の心底あるべきにあらず、此儀御承知あらまほしこそ候へと答ふ、尋《つい》で當所の世話人などを招ぎ、一々演舌の趣を書記して證據とし、又寺院の僧侶に面談し、其の口書をも記して立ち歸りしが、當所の騷動は正しく傳へ聞きし所に違はず。

其れより直に高崎に到り、小泉に面會して諸事を談合し、余も急ぎ江府に歸り、佐島の樣子に應じて兎角の計ひに及ばんと談し居る處へ、諸方より和談の懸合ひに來るもの少からず、左れども是れに拘はらんは無益なり、且つ彼等と同日に論ぜられんも本意にあらねば、余は吉田川、柏原を引連れて東武に歸り、佐鳥にも面會して諸事を談合し、斯く人口に立ちし騷動なれば、彼の地にても捨て置きがたく、自然公の御役向へ內達もあらんかと思ひ、それとなく容子を探りしに、別に左る模樣もあらず、左れども若し此方より公訴に及ばゞ、彼等の徒黨として罪科に處せられんこと疑ふべからず、江府に於ける老功の人々、頻りに余を止めて、最早捨て置き玉へ、功成り、身退くに何の汚名かあらん、他人上州に到りて彼等を賴むとも、何ぞ此鬪諍の沙汰に及ぶべきや、修行の本懷、劍者の眉目此上やあるべきと忠告すること甚だ切なり、余も之れに違ふべきにあらず、佐鳥の行立《ゆくたて》を論じて、只管決斷を求めんとするを、漸くに說き伏せて之れを止め、終に何事もなくして納まりぬ。

眞庭の一類、余の歸府せしを聞きて、大に驚き恐れ、重立ちたるもの續いて出府し、余の知己に賴みて和談せんとせしも、誰とて更に取合はざれば、これも後には手を引きぬ、此際種々の流言ありしも、一々記すに遑あらず、其後程なく眞庭某が自殺せしとの風評ありしが、實は病死と聞えし、哀れの事になん、佐鳥氏又上州より余が許に書翰を送る、其要旨は、公訴なりとも、我等の自殺なりとも、將た彼の地にての眞劍勝負なりとも、只御差圖に任せ候はん、何れにもせよ、此度の面目を雪がざれば、我等の身分立ちがたしと言ふに在り、上毛の人氣は、表は陽にして、裏は陰なる狀あり、余一一此個條を解きて、漸くに納まるを得たり。

○諸州を修行して、他門と勝負せしこと擧げて算へがたし、東都に於ても數度ありしが、正しき武邊一度あり、或る師家へ試合を申込みしに、早速承引ありて、日限をも定め時刻をも約したり、常人は態と遲刻して其待ち詫びたる處へ來ること間々あり、此時余と同行するもの兩輩あり、余之れに向ひて、時刻は一時半ばかりも早く參るべし、これ備なきを打つに似たれども、左にあらず、遲刻するは無禮にして卑劣なり、兎角他門は勝敗を論ずる故、これに拘はらず、全《まつたき》の勝を試むべしと告げ、且つ一二三の順序を定めしに、余は二番に當りしかば、一番と代る事とせり、其故は一番は甚だ大事なり、先づ未熟のものを出だして試むると言ふは非なり、始めを仕損ずる時は、勝ちし方勢ひ優り、負けし方は一念を生ずるもの故、斯くは計ひしなり。

斯くて余は先鋒を約して、當日の早天に出で行きしに、案の如く其刻限早かりし、先づ案內を請うて事の由を申入れ、御約束の刻限よりは早けれども、若し遲刻すれば無禮なりと存じ、態と早目にこそ參りつれと述べて控へ居りしに、追々門下來り集まり、皆時刻違ひしかと危ぶみつゝ、支度を取り急ぐ体なり、頓て世話役など言ふものにも對面し、師家にも對面して後、試合に及ぶ、余先鋒に出でゝ試みしに、未熟にして更に通ぜず、代りて二番の者出でしに、是れも極めて勝利なり、又代りて三番の者出でしに、是れも同じく勝利にして、中々勝敗を論ずることもならぬ体なり、此方よりは見證人として塚越某、大庭直胤の兩人を伴ひ、彼方にても高弟のもの見證人となり、黒羽二重に大なる紋を付けし衣服など着して、威勢を示しけるが、後には呆れて勝負を見るものなく、其待遇懇切にして、便所などの案内までなすに至りぬ、余は十三人を相手に試みしが、全く勝利ならぬと言ふことなし。

余頭取に面會して、最早御門下には手合に及ぶ方なし、此上は師家の御手筋こそ望む所に候へ、宜しく計らひ玉はるべしと申入るれば、頭取聲を潜めて、這は尤もの仰せなれども、其儀は許し玉へ、我師は公事に憚かり、他門の手合は仕らざる段御斷りに及ぶべし、此儀は私の承りきりに御差置き下さるべしと答ふ、余然らば押して言ふとも益なしと思ひ、其儘暇を告げて歸る、其後頭取余が師の許へ尋ね來り、先日御來駕にて御手合いたし候處、某始めて一人として服せざるものなく、我等も始めて夢の醒めたる心地して、新たなる修行の心起り、門下亦た益々出精の助けとも相成りしこそ、旁々以て大慶の至に候へ、此段我等よりも宜しく御禮答に及び候と述べて引取る、これこそ武邊の本懐ならんか、其後これよりも挨拶に及びしが、聊か卑劣なき正道の武邊、感ずべきことにぞある。

○其外國々所々にて手合せしこと多けれども、珍らしからず、名高きものも、名ほどに行かざること多し、輕んずべきにはあらねど、又恐るべきにもあらず、只人口のみを信ずるも僞多く、行きて見ざれば證據とするに足らず、人と試合するも僞を設くべきものにあらず、事にふれて顯はれ易きものにて、却て耻辱を受くることあり、或時他門十輩ばかり、流名姓名など僞はりて試合を申來り、存外に敗れて歸る、後にて其姓名悉く現はれしが、皆免許以上のものにて、五六ヶ年も下段星眼の業を修行せし上にて來りしなりと云へり、然るに相弟子より事破れて、此失敗の沙汰一入高くなり、人口防ぐべきやうなく、重ねて眞劍にて勝負すべしなど申入れしも、銘々の主家より叱責を受けて止みたることもありき、斯る類ひは武邊の本意にあらずと知るべし。

○猥に他門の手合は好むべきにあらず、飽までも我門の業を勤勞して、其技倆衆に勝るゝとも、尙ほ必勝覺束なき所あらば、他門の手合は望むべきことにあらず、これ修行の本勤とする所なり、修行練滿の上に敎の及ばざる所ありと雖も、業の高下に至る天性の一心に甚だ守行あり、大事に當りて常に返すべからず、如何なる業の爲めにか恐るべけんや、進退屈伸守破離分合往來、大陽の一機にして、氣海に滿々たり、時處に發す、遲速に拘らず、時々獨遣して、自得の精神を練るべし、守行一段の奇瑞あり、必勝と言ふは業の限りにあらず、心の備へとする所なり。

○世に過ちしことあり、劍術など嗜むは、若き時の事にて、老いては益なし、筋骨屈伸しがたく、氣力弱くして叶ひがたければなりと言ふものあり、一理あるに似たりと雖も、決して今日修行の目當にあらず、若き時は筋骨健かなれば、非常の狼藉に逢ふとも、馳け走り自在なれば、之れを免かるゝことも易からん、劍術は即ち老いて筋骨不自在なる時の助けとするの術にあらずや、之れを思はざるの過ち少からず、鍛錬の老功に至つて、若きを論ずるは不熟の術と知るべし、本勝負は一刀に限る、何ぞ常の稽古の如くに進退を勞すべきや、然れば老の助けの術にこそ備へてあらまほしけれ。

○余多年修行の間に、他門の手合をなせしこと、算ふるに遑あらず、様々の事もありしが中にも、興にふれて悪るさまの事もありき、すまじき事なれば、此に記すも本意にはあらねど、心得置くべき事にこそ。

東都の或る師家にて、日々門下を集めて勧學するものあり、或人余に之れと手合せよと頻りに勧めて止まず、余答へて、我等は知人にはあらねど、名前を聞きては手合すまじ、偽り計つて行かば、必ず立合ふべしと言へば、これこそ微妙《いみじ》う候へ、某路次の案内仕らんと言ふ、余様を替へて彼れの宅に到り、案内の者は師家へ随身せんことを乞ひ、余は拝見いたしたしと乞うて、其場に入る、門下は既に集まりて、師範西條某は高座に在り、余等に向ひて、入門は許せども、拝見は無用なり、左れども手合にても致すならば格別なりと告ぐ、余は初心の振りして控へ居りしが、彼れは案内のものに對し、流儀の形とて、何か木刀にて教ゆる所あり、終りて韜の業を望めば、西條韜打の業は、夫々形を修行して後に教ゆるものなれども、先づ望みに任せて許し遣はすべしと告げ、門下に命じて教へしむ、初心の業にあらざれば、殊の外に褒めなどして、頓と心付かざるも油断なれ、余は師家の側近く寄りて、韜打と申すは、何も構はず、只打ちすへ致せば宜しきやと問へば、西條答へて、打にも色々譯あり、なれども先づ初心は彼是なく打つに若かずと言ふ、余又、無暗に打たれては堪へがたからんと問へば、西條初心を打つべきにあらず、打たるゝ様にならば、最早上達なりと答ふ、余然らば某も一つ試みたしと言へば、西條イザ我れ敎へ遣はすべしと答ふ、余心中に遣は面白しと思ひて、身仕度を調へ、態と竹具足を裏がへし、左右の籠手を取り違へなどして見すれば、居合はすもの大に笑ひて、夫々敎へ呉るゝも可笑し、其れより立向ひ、余は何事をも知らぬ狀にて、先生無性に打ちさへ致せば宜しく候やと問へば、西條何れにも打ち玉へと言ふ、是に於て余は先づ立合ひさまに其左右の籠手を打ち、斯く打てば如何と言へば、西條見事々々、其如く打ち玉へと言ふ、余又面中を突きて、直ぐに頭を打ち、斯く打てばと言へば、始めて其れと心付きしか、答へもなくして打込み來る、余一々受け流しつゝ、其飛込み來る所を、折敷きて胴を打ち、此腹は如何と言へば、師は其儘止めて退かんとす、余先生今少し敎へ玉へと言へば、師は御邊は怪しからぬ人かな、最早門下に手合するもの一人もなし、何衆にて何れの門人なりやと詰り問ふ、余我れも何れの門人にもあらず、今まで信州の山奥に住みて、人間と業を試みたることなし、是れよりは時々人間と業を試みたしと答ふれば、師は大に色を失ひ、頻りに余が面を見て、物をも言はず、余又何れにてもお相手致さんと言へば、並み居る門下亦た呆れて聲をも立てず、余無理に一人を引出して遣ひしが、無刀にて、或は突き倒し、或は押し倒し、或は手取りにするなど、種々の曲を遣ひて見せたる上、又再會を告げて歸る、其後容子を聞けば、師が慢氣ある故、妖怪來つて打負かせしと評せしとは可笑し、斯樣の事はすまじきことなれども、又心得て油斷すまじき事にぞある。

○以上は余の諸州を修行せし日記の中より抄記せるものにて、題して劍術物語と曰ふ、君子の他聞を耻づると雖も、門下の請ひに任せ、後來心得の一助にもならんかと思へる儘記しつ、

色々の花や言の葉むすべとも
ふれにしさまを旅の家產

其外旅中の草々多けれども、一々擧げて算へがたし、必ず不熟にして諸國修行は益なきことぞ、師の名を低うし、我が身も卑しめらる、左れども危難に逢ふことは稀なるべし、高名を發するものは、妬を受けて危きに逢ふことあり、思慮分別も亦た甚だ大事なり、己を愼んで、不義を發すべからず。

文政七甲申年十二月

千葉周作成政

屠龍餘技

千葉周作作

△和歌

戯に或人の爲め讀みて遣はす

思はじと思へばまさる起ふしに　なほ思はるゝ君かおもかげ

箱根山にて

はる風やゆきかふ旅の箱根山　片山は晴れ片やまはふる

江尻の宿にて西行の『かりのやどを惜む君かな』とよまれしもことわりとぞんじむかしを今に思ひなして心のたけをしをりし侍る

なつかしみのころ江尻の今だにも　心とむべき人やあらしも

濱松にてよめる

來て見ればきゝしにまさる濱松の　うらも長閑に民のにぎはひ

路傍の神社にしばしやすらはんとせしが神に非禮をはばかりて心にふしをがみ

なに神か憚りおほくありつれど　しばし社をかしたび玉へ

三河國擧母の宿に旅寢せし折

三河なるころもは淋し春の夜の　ゆめをおり〳〵さそふ山風

ころものやどりに蛙の聲きゝて

小山田にすめる蛙もみじか夜を　なにか物憂や啼あかすなり

山野邊につゝぢのさきたる景色をながめて

ひこばへの躑躅も咲きし山野邊は　こゝろ色々まよはするかな

宮口にて宿のあるじの懇望によりて月をよめる

うしとだに思はぬ旅の庵なれば　こゝろもすめる夏の夜の月

遠近の蠅の音つぐるを聞きて

くるゝ日もしらで涼しき浦野邊に　秋をつげくる虫のかず〳〵

秋の野邊にいろ〳〵の花を見て

花やかな色香に人を迷はして　深山そだちの秋の七くさ

村上義淸の故城址葛尾にてよめる

村上の名のみ殘りてかつらをの　誰にとはゞや叩くくひなは

信州川中島にて

旅人の杖をとゞめて思ひきや　川中じまの名こそ流るれ

深谷驛の途中上杉氏の古城址を弔ひて

武士のあはれとゞめし古戰場　おもかげばかり殘る草むら

同じ所にて上杉謙信の武威を懷ふて

越後なる春日山にぞ幡あげて　弓箭の風は今もすゞしき

△狂　歌

榛名山に登るの約ありて打立んとせし時俄に雲起り天氣甚だ六ケ

敷なり何れも氣をもみければ

今日のお出《いで》はしばし御見合　はるなふるなか案じられます

伊香保に親しく交り酒宴など共にせし流山の某に別るゝ時

かの事をかならず咄すなかれ山　たとひ伊香保ど尋ねらるとも

東海道金谷の宿にて奈須車といふ角力取の兄を尋ね其者より酒を贈られしを開きて

お江戸から金谷の宿に言づけて　奈須車ほど廻るさかもり

今切にて駕籠昇ども手鼻をかみしに向風のため鼻汁顔へかゝり甚難儀せしが流石不風流に叱り罵しる事もとゞまりて

春風や駕籠のすだれを吹上げて　はなぞちりこむ東路の旅

須原の旅店にてかたきふとんと箱枕に苦しみて

旅は憂し夜毎にかはる箱まくら　ふとんとこまる草臥《くたびれ》たなり

奈良井驛住吉屋にて江戸風の枕を出しければ

嬉しさは奈良井の驛の住よしや　高きまくらに夢をむすばん

下諏訪の出湯に浴して

すはこゝの神の恵のあつき湯へ　病をすてよ夏のたび人

二夜も三夜も逗留の場にはわざと敵の謀にも乘らざれば却て麁末に取扱はるゝ故たま〳〵は少しつゝゆるめを見せねば計策の位に損ありこれになづめば危きに陥る此の境孫子の司る奇正の篇にある所あながち賤劣の道とすべからず

軍扇のかなめも少しゆるまずば　味方をあふぐ風やあるまじ

或人の一心に碁を鬪むを見て

打死とどうせかく碁の勝負にて　から白くろの目ももたれまし

高崎清水山の觀音へ詣でしに今日しものどやかにおはしければ皆皆きぬをぬぎてそゞろに舞ひ遊ぶもをかし四方の山々見え渡りて頂の雪もとけしやよひざめの水も戀しき心地し侍る

飲まずとも酒によふたか長閑さに　片はだぬぎし雪とけの山

早朝に來客あり朝顔の見事に咲きしを見て

醉醒の水ひや〳〵とあさがほの　起きまどはせる客は來にけり

豐川稻荷に詣てしに各々の楷に夫々國侍の風あるもをかしく

見出さるゝ白狐の尾より哀しきは　頭でしれる今日の友づれ

江戸へ歸りの途中雨にふりこめられて

情こはくよく降りまさる夏の雨　少し笑かほの見たき青雲

△俳　句

伊香保にて婦人より杜若をもらひしを湯にさし置きしにしばしの間に花咲きければ

しをらしや湯あがりなりの杜若

或時自ら嘲りて

とやしても鳥はくろし衣かへ

伊香保にて長々の逗留徒然故に不善の外致し方なく本心の外に遊び居り候さりながらありし心ばへ忘るべうもあらざれば

吹風にすゞみしまゝの無想劍

三州に時鳥なきよしを聞きて

時鳥なくて三河の月わかし

心に喜ばしき事ありし折に

よき風や床机なくとも一休み

宮宿にて旅宿の隱居に別るゝ時

むさくとも別となりぬ衣かへ

信州の旅路旅店に賣女多ければ戒しめて

涼しとも釣すべからず諏訪の湖

深谷驛に宿りし夜雪ふりければ

心にはかゝらぬ旅や春の雪

高崎にありし時山々に雪ありて春風もうす寒けれどここやかしこに野邊遊する人もあり兎角浮世は面白し又考ふればをかしうれしあはれにもありかなしくもありこれみな天の與ふる所歟

我まんをばすてゝ柳のそだち哉

年々花相似て人もまた花の頃色も香もあり人の見る目もいとうるさし

のぞかるゝ頃となりしぞ庭の梅

ほめらるゝ色香ざかりよ梅の花

みね林にて時鳥をきける時

きくも初鳴くも初かやほとゝぎす

一の宮へ行く途中ふと劍術の事に思ひよりて

それとのみ足もと知らぬ螢かな

飛びこんで燈きやせよ夏の蟲

雷落ちて梢の木を裂きし折劍術の自得の場思ひ明め申候

神立や草木もふして地軸まで

草庵の秋に虫の聲をきゝて

草むらや秋を吹だす夜半の虫

秋の日に

秋風やものの色々とおもはする

門下のはげしき立ち合を見て

あさがほもしゆら吹亂す風情あり

或朝ふとおもひ出して

朝がほや道わすれてもながらへよ

川留にて出立を延せし時

秋風やいつしかふえし井戸の水

河原に萩のさけるを見て

一つかみかりのこされて萩の森

八月十五夜に

名月や角はづかしの鬼瓦

名月に醉たこゝちか鷺烏

嵐のため稽古を休みし折

初あらしもみ直しけり山の色

二見の浦にて

暮の秋どこやら若し二見浦

別るゝ時宿へ書残す

わかるゝは何か心の寒さかな

文政五年の暮に

太平に撓刀の音や冬住居

諏訪にて池上氏に別るゝ時

なつかしやあとに見なして雲の峰

或家の樓上より山を望みて

傾城を見て笑ふたか春の山

伊香保を出立つ時

湯の花に別れぞ惜しき春の旅

吉田川に別るゝ時

別路やつひふみ折りし杜若

北辰一刀流兵法

北辰一刀流名號略解

當流劍術一刀流と云名目《いふみやうもく》は、元祖一刀齋なるが故に一刀流と云には非ず。一刀齋、劍法は一刀の妙處に在《ある》と云ふを覺悟して、嘗て劍法に名づくるに一刀の文字を以てし、倍《ます〳〵》其法を修《しゆ》し自得したるに因て、後自ら一刀齋と號したるなり。此一刀の法、原因高遠、意味深長なり。一刀とは劍法の太極《たいきよく》なり。一刀より。始元して千變萬化して、而《しかう》して復《また》一刀に歸す。渾沌たる一圓形にして、始も終も無く、起《おこり》と止《とゞまる》と無く、其間運用見難く測難《はかりがた》く、神妙不可思議の理なり。都《すべ》て劍技は無念無想と說《とき》、狐疑心無《なき》やうに修業さすれば、更に一段の卓見、一刀の意味を以て妙處を知らしめんとなり。無念と云《いふ》、無想と云《いひ》、常の敎へなれしども、念と想と相對して念と云《いふ》も無念の理、無念と云《いふ》も其中念有《あ》なり。禪家の所謂、無は猶一重《いつぢゆう》の關《くわん》と云《いひ》て、無は有の反對なり。未《いまだ》寂滅の妙處にはあらずとなり。寂滅《じやくめつ》爲樂と説《とき》、寂滅に至《いたつ》て始《はじめ》て道を得《うる》となり。寂滅の理は玄妙にして測知難《はかりしりがた》き事なり。是故に一刀の意味を自得すれば敵より測知《はかりし》らるゝこと無《なく》、玄妙の至極なり。

中庸に曰《いはく》、詩に曰、徳の輶《かろき》事如レ毛《もう》、毛は猶有レ倫《なほたぐひあり》上天之載《こと》は無レ聲無レ臭至矣《こゑもなくかもなきのいたれるかな》。（前に云無念無想の無は有に對と云なればこゝの無聲無臭も同じやうにて至極したるにはあるまじと思ふべけれども心に係ると事に係るとの差なり。自ら修すると他より贊するとの別あり。無聲無臭は至極の理と見るべし。）。是《これ》形容すべき言《ことは》なき故に子思子《しして》、無聲無臭を以て上天の妙用を贊したり。孫子曰《いはく》、微乎《びか》々々、至ニ於無形一神乎々々至ニ於無聲一と。是則ち徳の民を化する、兵法の敵に勝《かつ》、悉く一理にして、無聲無臭、無形無聲、玄妙に至《いた》つて自ら必勝の理備《そなは》り、始めて神と稱すべし。是當流の祕訣にして其詳悉《しやうしつ》は口に言《いふ》事能はず。文字に傳ふる事能はず。所謂以心傳心是也。雖然《しかれ》切瑳の功を積《つむ》ときは自得し易き口傳有《くでんあり》、又北辰の文字を冠したるは元來、千葉家先祖常胤の劍法にして、其法衆妙の理有、其妙用北辰の德に齊《ひとし》。北辰は北極星にして、天地の正中に位し南極に對し、天地を運轉するの樞《くるゝ》なり。子曰、爲レ政以レ德。譬如ト北辰居二其所一衆星共レ之、君の位に居て不動《うごかず》、無爲にして、能《よく》衆生を臣として使ふ。即ち太極の體用なり。至簡至靜にして、能く衆を服するの理、是亦意味深長、容易《たやすく》說盡し難く。此劍法當家に傳りたるを一刀流と合法《がつはふ》して、北辰一刀流とは號《なづけ》たるなり。倍《ます〱》神妙と云《いふ》べし。

流とは、其元祖の法脈、宗《しうし》など、或は門末、門葉など云事にて、末と云事なり。別に意味有《ある》に非ず、俗にながれと云《いふ》なり、者流の流と心得べし。

北辰一刀流十二箇條譯

二之目付之事

二の目付とあるは、敵に二つの目付あると云《いふ》事也。先《まづ》敵を一體に見中《みるなか》に目の付所二つ有《あり》となり。切先に目を付、拳《こぶし》に目を付るなり。是二つなり。敵の拳動《うごか》ねば、打事《うつこと》叶はず。切先動ねば打事《うつこと》叶はず。是二の目付也。又敵に耳《のみ》目を付て己を忘てはならず。故に我も知《しり》、彼も知るべき事を、爲《ぜん》がため、二之目付也。

切落之事

切落《きりおとし》とは、敵の太刀を切落《きりおとし》て勝の理なり。切落て後に勝と云《いふ》には非ず。石火《せきくわ》の位とも間《ま》に髪《はつ》を不入《いれず》とも云所なり。金《かね》と石とを、打合《うちあは》すれば陰中陽を發する時節に、火を生ずるの理なり、火何《いづ》れより生ずるや知《しる》べからず。又間《ま》に髪《はつ》を容《いれ》ずとは、髪毛《かみのけ》ほどの隙間もなく一拍子《いつぴやうし》の事なり。陰極つて落葉を見よ。陰中に陽有《あり》て、落《おつる》と共に何《いつ》の間にやら新芽を生じてあるなり。切落すと共に敵に勝の理也。

遠近之事

遠近とは敵の爲に打間《うちま》遠くなり、我が爲に近くなると云事なり。何敵《いづれてき》の容《かたち》、照《てり》仰《あふ》のく者は打間遠くなり、我眼廡《われまびさし》を伏《ふせ》て臨《のぞみ》かゝつて打者《うつもの》は、打間近く。敵を見下すと見上《あぐる》とは大なる差別《たかひ》なり。遠き面に臨《のぞみ》て、近き拳に勝有《かちある》事、是を以て遠近と云也。

横竪上下之事

横竪上下《よこたてじやうげ》とは、中正《なかずみ》の所なり。上より來《きた》る者は、下より應じ、下より來る者は上より應じ、横に來るものは竪に應じ、竪に來るものは横に應じ、心は中央に在《あり》て氣配《きはい》自由なれと云事なり。

此圖の如《ごとく》、心は中央に在て觸動《ふれうご》かされば横竪上下の矩《かね》に外れぬと云事なり。

色付之事

色付《いろづけ》の事とは、敵の色につくなと云事なり。常に見熟《みなれ》ざる姿制《かまへ》などを見《みる》と、其姿制《かまへ》に取付《とりつき》、或は挑聲《かけごゑ》などに泥《なずな》は、悉《みな》色に付《つく》と云ものなり。假令《たとひ》何様《やう》の身法《しんはふ》なりとも、我修《わがしゆ》し得たる所の横竪上下の矩《かね》に外《はずれ》ねば危事《あやふきこと》なかるべし。

目心之事

目心《もくしん》とは目で見るな、心で見よと云事なり。目に見るものは迷ひあり、心より見るものは迷はず、目は目付役に使《つかひ》、心の目にて見るなり。目の用《はたらき》も速かなるものなれども、心にて主宰するものなれば、未《いま》だ動止《だうし》せざる前に動止を知るは心の功なり。

狐疑心之事

狐疑心と云《いふ》は、疑の心を發《おこ》すなと云事なり。狐は疑多きものにて、獵夫《かりうど》などに逐はれても一心には逃ず。此邊《こゝ》彼邊《かしこ》と止り、顧みて滯《とゞこほ》るうちに、他より廻り、打殺さるゝなり。是疑の心より斯の如し。一條《ひとすぢ》に逃ゆかば遁れ可《べき》なり。劍術も此如く、斯《かく》したら負《まけ》ん、如何《いかに》したら勝《かた》んと疑ふ内に敵に打るゝと云事なり。是故に狐疑心を除去《のぞきさり》、心を虛にし、一刀の眞劍を修行すべしと云意なり。

松風之事

松風《しやうふう》とは相氣《あひき》をはづせと云事なり。松に風あれば颯々として常に相氣あり。相氣を旁下《はづさ》ねば善勝《よきから》は非ず。弱《よわき》に弱、强《つよき》に强、石に石、綿に綿の如く打合しては勝負に見《みえ》ず、依之《これによつて》當流は拍子に無拍子の拍子と打《うつ》なり。敵弱からん所を强く、強き所を弱く、敵晴眼なれば下段にして拳下《こぶしした》より責《せめ》、敵下段なれば晴眼にして上太刀《うはたち》に抑《おさへ》ると云《いふ》やうに相氣を旁下《はづし》て勝有《かちある》べし。風なら松を倒盡《たふしつく》し、松なら風を避過《さけとほし》て其虎口に勝あるべし。

地形之事

地形《ちけい》とは順地《すぢ》、逆地《あぜち》の事なり。爪先下りの地を順地と云《いひ》、爪先上りの地を逆地と云《いひ》、順《じゆん》は勝《かつ》の地と云《いひ》て敵を拳下《こぶしさが》りに眼下に打故《うつゆゑ》利多し。逆《ぎやく》はあぜ地と云《いひ》て、敵を見あげ、容照《かたち》り仰《あふの》き見るゆゑ負《まけ》べき地とは云なり。風雨日月などに向《むかひ》て損あるも、此地形の理中に在《あり》、然れども場所により、逆地にありとも進退駈引して敵を逆地におけと云事なり。

無他心通之事

無他心通《むたしんつう》とは敵を打《うつ》、一偏の心になれと云事なり。常の修行をも、傍看《けんぶつ》多き爲などに心動《こゝろうごき》、或は他念に心引《ひか》れて自己一ぱいの働きならぬもの故、他に心を通ぜず、己《おのれ》修行し得たる業だけを以て敵に當《あたれ》と云事なり。

間之事

間《ま》と云《いふ》は敵合《てきあひ》の間《ま》の事なり。自分の太刀下三尺、敵の太刀下三尺と見て、六尺の間なり。一足《いつそく》出ねば敵に當らず、故に打《うつ》も突《つく》も當流一足一刀と敎へり。又曰く間とは敵の隙間次第に入《いつ》て勝の意味有、此間合の大事、常に稽古に自得すべき所也。

殘心之事

殘心《ざんしん》とは心を遺さず打《うつ》と云事なり。中《あた》るまじと思ふ所など、わざと打《うつ》などは皆殘心なり。心を遺さず身を廢《すたる》は、之に還《もど》ると云理なり。斯云《いへ》ば、行過《ゆきすぎ》越身《こしみ》なるやうなれども、斯危殆《あやうき》所を勤《つとめ》ねば狐疑心になりて、慳恪心《をしむこゝろ》になりて、業の神妙に至る事叶はず、是《ここ》を以て勝所《かつところ》に負あり。負《まく》る所に勝あり。其危負《あやうきまけ》ある所を力《つとめ》て自然に勝ある事を自得すべし。自然の勝とは節《せつ》を撃《うつ》なり。鷹の諸鳥を撃《うつ》に、皆節に中《あたる》、劍術も然《しかり》。節に中らざれば勝にあらず。節に中らば百勝疑あるべからず。善《よき》を捨《すて》、惡《あしき》を勤《つとめ》、惡《あしき》を勤《つとめ》て善《よき》を識《しる》、當傳を捨て、又元の初心の一に歸《かへり》、自慢なく勤《つとむ》べきことなり。假令《たとへは》、茶椀に水を汲《くみ》、速かに棄去《すて》、又中を見れば、一滴の水あり。是速かに棄るが故にもどるなり。是を以て惜まず廢事《すたること》を當流の要とす。是ぞ奥義の一刀圓滿なり。終《つひ》、磨《みがき》し玉の端無《はしなき》が如《ごとく》の時に至るべし。

北辰一刀流兵法組太刀

一つ勝

向（打太刀を云下皆同）右の陰（太刀を右の肩に構ゆるを云）に構へ進み來る（進み來ること下同じ但し其歩數は其場處の長短にて定めがたし）此方（遣太刀を云下皆同）星眼（向の左眼に切先を付るを云）にて進み行く（進み行ことも其場處の廣狭により長短あり）間合になりて向右足にて此方星眼の拳を攻る（陰より星眼の拳を攻め星眼より陰の拳を攻め下段脇構等より拳を互に攻る意味同じ下條多略之）故に此方太刀を下段（下段は向の臍に切先を付るを云）に直し拳を防ぐ向左足を踏入れ此方の下段になり其透たる頭へ打來を切落し向の喉を突く向上る左小手を打ち上段に取

り看るなり（取り看ること上段下段陰本覺とも皆同じ下條多く略之）

二本目

向星眼此方下段にて向の拳を攻る向星眼を少し下げ拳を防ぐ此方其左切先へ太刀先を付け看と向より此方の胸を目當に突を此方左足を少し跡へ引き應じ太刀も少し跡へ應じ向の太刀の盡たる（盡るとは向の太刀の屆かぬ處太刀の弱りたる處を云下同）處を向へ押へ突に喉を突く向手を揚る右小手を打跡上段

三本目

向右の陰此方星眼向左足にて此方の拳を攻る故に此方星眼を下段に直し拳を防ぐ向其明きたる頭へ右足にて打來るを此方左右と足を順に向の右の方へ踏

入れ身を潜め太刀下をくゞり抜け喉を突く向手を揚る右籠手を打上段

下段の霞

向左足にて太刀の刄を此方左の方へ平らめに返し下段に霞み來る此方下段に向の太刀先の上に付け看ると向より其太刀を拔き外し右足を出し此方の左小手を打を切落し突く向手を揚る右小手を小切に打上段

脇構の附

向星眼にて此方の前に守り居を此方脇構にて向星眼の拳を攻る故に向星眼を下段に直し拳を防ぐ其太刀へ此方右足を出し脇構の太刀を下段に下げ向の太刀先へ付けじり〱と摺込乍ら向の引處迄押し行と向止まり此方の太刀を强く押ゆるを此方右足を一と足跡へ引き上段に取り向の太刀を挫く向上る右小

手を打上段

二つ勝

向右の陰此方星眼向左足にて此方の頭を目當に打來を切落し突く向上る左小手を打ち星眼にて右左と足を跡へ引き守る向又右の陰に取直し再び此方の頭を右足にて打來を切落し突く向上る右小手を打下段

陰刀

向右の陰此方星眼向左足にて此方の頭を目當に打來を切落し突く向手を上る左籠手を打ち右の陰に取り右左右と三足跡へ引き一ッ足になる又右左右と三足進み一ッ足になる向左足を引き右足にて星眼に構へ此方の拳を攻る故に此方右の方へ右足を一と足開き一足になる向も同じく此方の左の方へ右足より

左足を開き此方の拳を付廻し攻る此方其付け廻す處を逃さず陰より右足を出し向の太刀を押へ突に突く向手を上る右小手を打上段

下段の打落

向星眼にて此方の前に守り居を此方下段にて向の拳を攻る故に向星眼を下段に直し跡へじり〳〵引を此方も同じく追行き下段の太刀を右足にて速に上段に取り左足にて向の太刀の半ばを打落し右足にて突く向手を上る左小手を打下段

乗身

向右の陰此方星眼向右足にて此方の頭を目當に打來るを切落し双方相引に跡へ應じ互に下段に守り居と向より此方の胸へ突込を此方跡へ少し應ずる心持

にて向の突込し太刀の盡たる（盡たる意味は二本目の條に委しく述たり）此方下段より押ゆる向其太刀を抜き外し又双方別れ互に下段に守る向其下段の太刀を左の陰（逆の陰とも云左の肩に太刀を構ゆるを云下同じ）に取直し右足にて此方の右の肩へ打來を此方下段より張りのけ向の右小手を立ち切に打右足を開き右の陰

乘身の一つ勝

向右の陰此方星眼向右足にて此方の頭を目當に打來を切落し突く向手を上る右小手を打下段

下段の附

向星眼にて此方の前に守り居を此方下段にて向の拳を攻る故に向其星眼の太刀を下段に直し拳を防ぐ其切先へ此方の切先を付けじり〳〵と仕掛て追込向

跡へ引處を手元迄付行き太刀を揩込と向止まり此方の太刀を强く押へ込を此方右足を一と足跡へ開き乍ら其太刀を挫き上段に取り向揚る右小手を打上段

中星眼

向下段此方中星眼向下段より此方の拳を攻る故に此方中星眼を下段に直し拳を防ぐ向其下段に成りたる左拳へ打込を切落し突き向の右小手を打下段

折身

向星眼にて此方の前に守り居を此方脇構より向の拳を下より乜《すく》ひ切らんと攻る故に向構を防がん爲め星眼を下段に直し乍ら跡へじりじり引を追込み向の太刀の半に右足を踏入れ脇構より打落す向右足を引乍ら此方の太刀を切落し右の陰になる此方切落されたる儘太刀を下段に取り左の膝を突き折鋪き守り

看と向右の陰より又右足を踏入れ此方の頭へ打來を此方向の喉を突く心持にて立上り向の太刀に乘る（我師中西家にては此處向の太刀に乘り向へ少し押行と向止まり跡へ開き下段になる此方も同じく跡へ開き下段に守る向下段より此方の右肩へ打來を向の太刀を張のけ向の右小手を打右足を開き乍ら太刀を右の陰に取るなり）扱双方太刀を下段に取り相引になる向又下段の太刀を左の陰に取り右足を其儘深く踏入れ此方の肩へ打來を此方向の太刀を右へ張のけ向の右小手を立ち切に打右足を開き向右の陰

摺揚

向右の陰此方星眼向右足にて此方の頭へ打來を此方も右足にて上段に摺揚げ向の揚る右小手を打ち上段に取る向摺揚げられたる太刀を下段に直しじり〳〵と左足を進め又右足を急に進め此方の腹へ突込を此方もじり〳〵と上段の儘にて右左と足を跡へ引く向突込とき右足を大きく開き此方の右の方へ躰

を一文字に開き向の突く太刀を外す向其儘下段にて引を此方上段より右足にて向突込み太刀の半ばを打落す向其太刀を切落す此方落され乍ら向の右より喉を突く向上る 右小手を 打本覺（本覺の構は手拭を絞る如く手の甲を左右とも上になし太刀の刄を此方の左の方に返し平ら目になし切先を脇腹へ付る）

脇構の打落

向星眼にて此方の前に守り居を此方脇構より向の拳を攻め下より乜《すく》ひ切らんと追込向跡へ引乍ら星眼を下段に直し拳を防ぐ此方其下段の太刀を脇構より右足にて打落す向其太刀を切落す此方切落されたる儘向の右より突く向上る右小手を打ち本覺

本勝

向下段此方星眼向下段より此方の拳を攻る故に此方星眼を下段に直し右の方へ右足より左足を一と足開き防ぐ向此方の開くに應じ同じく此方の左の方へ右足より左足を一と足開き切先を拳に付け廻し左足にて此方の左手の內へ打込を切落し突く向上る左小手を打下段

高　霞

向太刀を此方の左の方へ刄を返し太刀を平ら目になし切先を此方の喉に付け高く霞み來り左足にて守る此方下段にて向に霞みし太刀の切先の下へ付け看と向より右足を進め此方は胸を目當に突込を此方左足を少し跡へ應じ向の突き盡たる處を引入突に突込み向引處迄付け行と向止まり跡へ應ずるゆゑ此方も跡へ引き應じ太刀を下段に取り看るなり

拳の拂

向星眼此方下段にて仕掛け向の切先に付け看ると向守る處の太刀を右の陰に取り右足を深く踏込み此方左の拳を拂ふ此方右足を跡へ大きく開き右の陰に太刀を取と向の太刀外るゝなり其處を向の右小手を此方右足を出ずして其儘にて打ち再び右の陰に取り看と向右左と足を引き星眼に守處を此方陰より右足を踏入れ脇搆に取て向の星眼の拳を攻ると向下段に應ずる故に向の頭を目當に脇搆より左足を踏込打を向右足を引乍ら摺揚げ此方の頭を打を此方右足を踏込其太刀を摺揚げ向の右小手を打本覺

浮

向下段此方星眼向より其星眼の拳を攻る故に此方太刀を下段に直し拳を防ぐ

向其下段に構へし手の内へ打込を切落し其儘左足にて向の喉へ突く向右足を引乍ら此方太刀の右より巻ゆゑ巻せて又右足にて突く向又左足を引乍ら此方太刀の左より巻く巻せて左足にて突く都合三度突を入れ其儘太刀を下段に取り向を攻る向上る左小手を打下段

切　返

向右の陰此方星眼向右足にて此方の頭を目當に打來を切落し下段に直し小足に進み追込と向又右の陰に取り跡へ引乍ら此方の首を目當に打を此方下段に持處の太刀にて摺込合せ向へ仕掛ると向立止まり此方の太刀を押ゆる故に此方右足を跡へ開き乍ら上段に取り向の太刀を挫き外し向の上る右小手を打上段

左右の拂

向右の陰此方星眼向より此方の左の腰を目當に拂を此方太刀を下段に取れば向の太刀の上太刀になり留る向又其下太刀を拔き逆の陰に搆へ此方の右の腰を拂を此方右足を揚げ脇へ開き乍ら切先を下げ請け流し向上る右小手を打上段

逆の拂

向左の陰此方星眼向左足にて此方の右小手を拂を此方太刀を下段に取れば向の上太刀になる其儘突く向又太刀を右の陰に取直し右足を踏入れ此方の左小手を打を此方足を右左と引き其太刀を切落し突く向の右小手を打下段にて跡へ足を右左と引き守る向又左右と足を踏込此方の頭へ打來を切落し其儘下段

にてじり〳〵と追込む向も同じくじり〳〵と跡へ下段にて引を 此方右足にて上段に取り左足にて向の太刀の半ばを打落し右足にて 突く 向上る左籠手を打下段

地生

向下段此方も下段向より此方の頭を打を此方下段の 太刀の刃を 上へ返し向の右小手を下より引掛留る 扨其太刀を大きく引拔き 左足より右足を大きく跡へ開き左の陰（本文向の右の手へ太刀を引掛るは實は向の喉を突く趣意なり故に其突込し太刀は如何にも大きく引拔かざれば拔けざる者なり）

地生の相下段

向下段此方も下段向より此方の手の内へ打込を少し右脇へ開き乍ら下段の太刀の刃を此方の右の方へ平ら目に返し遊の 本覺の如くなし向の中柄を押へ向

の胸に突込む意なり扨向上の左小手を打ち切先を向の脇腹へ向け逆の本覺（逆の本覺は本覺とは反對にて太刀の刄を此方の右の方に返し太刀を平ら目になすを云）

地生の拂

向右の陰此方星眼向より此方の左拳を筋違に 打拂を此方左足より順に跡へ少し引き星眼を右の陰に取り向の太刀をあまし看ると 向其儘體當りにて 此方を突き倒さんと突來る右小手を立ち切に打ち右足より右へ大きく開き右の陰

卷霞

向太刀を下段に霞み來り左足にて守る 此方下段にて向の 太刀先の上へ乘り看ると向右足を踏入れ此方の右の腹へ突込を 此方左足を踏込み向の 太刀を卷き押ゆるなり向其太刀を引拔き右足を引き上段に 取る左小手を 打ち跡へ順に足

を少し引き下段に守るを向左足を引き太刀を右の陰に取り此方下段の太刀を押ゆるなり故に此方其太刀を下へ外づし向の太刀の右の切先へ乗り看ると向より此方の太刀を巻ゆゑ此方巻れ乍ら其儘突く向上る右小手を打下段

巻返

向上段此方星眼向左足にて此方の頭へ打來を此方星眼の太刀を右足を引き脇搆に取と向の太刀下へ落なり其處を脇搆より右足を出ずして其儘にて向の左小手を打ち又脇搆に取り看と向太刀を右の陰に取り此方の左の肩へ右足にて打込を此方左足を引き右の陰に取ると向の太刀盡るなり其處を此方右の陰に搆へし太刀にて向の盡たる太刀を押ゆると向其太刀を此方の右へ巻く巻せて此方其太刀を左の陰に取り左足にて向の肩へ筋違に打込向其太刀を此方の左へ切落す此方切落されたる儘突く向上る右小手を打ち下段

引身の本覺

向星眼此方下段にて仕掛け向の太刀先に付け看ると向より此方の面へ突き來るを此方下段の太刀を上段に摺り揚げれば向の突き外るゝなり其處を向の太刀の七三の處（七三とは太刀の七分三分の處を云太刀の中程より切先の方なり）を此方の右の方へ張り向の右小手を打ち本覺

引身の相下段

向下段此方も下段向此方の左手の內へ右足にて打込むを此方右足を跡へ一と足開き太刀を脇構へに取ると向の太刀外るゝなり其處を此方開きたる右足を踏込み向の頭を目當てに打込むを向切落す此方切落され乍ら向の右の方へ拔き突く向上がる右小手を打ち本覺

撥

向右の陰此方下段にて向の拳を攻める向此方の左の方へ一と足開き一ッ足《そく》になる此方も同じく右の方へ開き拳を付け廻し攻めると向此方の左肩へ右足にて打込むを此方左足を引き右の陰に太刀を取ると向の太刀外るゝなり其處を逃さず向の太刀へ乘ると向太刀を脇構へに取り右足を引く此方乘りたる太刀を下段に直し左足を入れ向脇構への拳を攻むる向此方の頭を打たんと左足の儘にて上段に取る此方右足にて向の起り頭《かしら》の左小手を打つ向其儘體當りにて此方を突倒さんと來る處を此方身を潛め向の腹へ拔け胴を引切りに切り左の陰

裏切

向星眼此方下段にて向の太刀先へ付け看ると向此方の 右小手を打つを 此方太刀を下段に取れば向の太刀の上太刀《うはだち》になる 也向其太刀を抜き右の陰に取直し此方の左籠手を足を引き乍ら打つを此方下段の太刀を切先より向の太刀に摺込み向へじり〳〵と進み仕掛け 向の引く處迄付け行き向止まる とき此方太刀を下段に取り開き看るなり

長　短

向星眼此方下段にて向の切先に付け看ると向より 此方の太刀を右足を進み押へ込むを此方太刀の刄を平ら目に此方の左の方へ返し帶の矩《かね》に（帶のカネとは此方の腰の處を云）落し確かとこたゆる（こたゆるとはこらゆるを云）向再び其こたゆる太刀を強く押へ込まんとする處を此方刄を返したる 儘にて右足を大きく開き乍ら太刀を拔き外し 其太刀

の平ら目の儘にて向の前にあまる處の右小手を打ち逆の本覺

早切返

向右の陰此方星眼向より此方の頭へ打來るを切落し直に向の面を突くを向跡へ引乍ら此方の太刀に合せるを其儘付け行き向止まると此方も止り看ると向より此方の太刀を押ゆるゆゑ此方右足を引き太刀を上段に取ると向の太刀挫けるなり其處を向の右小手を打ち本覺

順飛

向右の陰此方星眼向右足にて此方の太刀先へさわる（さわるとは輕く張るを云下同し）此方左足を順に跡へ少し引き太刀を下段に應じ守るを向左足にて此方の頭へ打込むを切

落し突く向手を揚げる左小手を打ち下段

拔順飛

向右の陰此方星眼向左足にて此方の太刀先へさわる此方左足より順に跡へ少し引き應じ下段に守るを向此方の頭へ張りたる太刀を再び右の陰に取り直し右足にて打込むを此方左右の足を向の右の方に踏入れ身を潜め向の太刀下をくゞり拔け向の脇腹を突く向上がる右小手を打ち本覺

引身

向右の陰此方星眼向左足にて此方の拳を攻むる故に此方星眼を下段に直し拳を防ぐ向其透きたる此方の頭へ右足にて打込むを切落し其儘太刀の刄を返し

逆の本覺の如く刄を此方の右の方になし向の喉を突き付け向の引く處迄押行き向止まると此方も止まり跡へ少し應じ下段

越身

向星眼此方下段にて向の切先に付け看ると向足を左右と踏入れ此方の太刀を大卷に深く卷込むを此方右足を引き又左足を引き乍ら太刀を上段に取れば向の太刀外るゝなり此方上段を其儘下段に直し守るを向太刀を又右の陰に取直し右足を深く踏込み此方の頭へ打込むを切落し向揚がる右小手を打ち下段

以上三十七本の組太刀は元祖伊藤一刀齋より門人に教授せられし者なり以下切落同二本目寄身開の四本は三代目小野次郎右衛門忠常の發明にて合刄《がふは》張《ばり》の二本は四代目小野次郎右衛門忠於《ただおき》の發明なり一刀齋より四代目に至て

當時の組太刀全備せることを玆に附言す

切落

向右の陰此方星眼向より此方の頭へ左足にて打ち來るを切落し突く向又右足を出して太刀を下段に取り此方をじり〳〵追込む此方同じく跡へじり〳〵右左と足を引く向又下段の太刀を右の陰に取り左足にて此方の頭へ打來るを切落し突く向上がる左小手を打ち下段

切落二本目

向此方とも初の切落しと同じ但し跡にて向の左小手を打つとき此方體を大きく跡へ應じ向の起り頭の小手を引切りにするなり下段

寄身

向右の陰此方星眼向より此方の頭へ左足にて打來るを切落し下段に取り向の拳を攻むる向其儘太刀先を避けんが爲め此方の左の方へ一と足右左と開く此方も同じく此方の左の方へ一と足左右と開き拳を付廻し攻むる向此方を打たんと振上ぐる起り頭の左小手を打ち下段

開

向右の陰此方星眼向より此方の頭へ右足にて打來るを切落し下段にて向の拳を攻むる向右足を引き脇構へに開く此方も同じく脇構へになり右足を開く向其脇構へより右足にて此方の頭を打たんと振上ぐる處を此方も右足を出し向

の起り頭の左小手を打ち下段

合及

（以下二本は一本を三度三段に遣ふべし初度は向一と足二た足の處にて打出す二度目は向三足四足の處にて打出す三度目は向五足六足の處にて打出すべし）

向右の陰にて此方の前に守り居るを此方下段にてじり〳〵追込む向も同じくじり〳〵と引き乍ら陰より此方の左面へ突き切りにするを此方上太刀に突込む向止まり振上げる右左の小手を續け打ちに二本早く打ち下段

張り

（前條に述べる如く三度三段に遣ふべし但し天覽見分等の節は一度たるべき事）

向右の陰にて此方の前に守り居るを此方下段にてじり〳〵追込む向も同じく

じり〳〵と引き乍ら此方の左拳を打つを張り落す向其張り落されたる太刀を速に左の陰に取り直し如何にも早く又此方の右の拳を打つを同じく張り落し下段にて本覺の如く手を返し切先を向の喉に付け詰め行くなり

以　上

小太刀組之事

一つ勝

向右の陰此方星眼向より此方星眼の拳を攻むる故に此方星眼を下段に直し拳を防ぐ其明きたる頭へ向右足にて打來るを切落し右左と足を跡へ引く向又右の陰に取り左足を進め右足にて再び此方の頭へ打ち來るを切落す向跡へじりじりと引くを此方も同じくじり〳〵と追込む向追込まれ乍ら又此方の頭を右足にて打たんとする其起り頭の右小手を此方の小太刀にて右足を踏込み強く押へ又左足を踏入れ左の手にて向の右小手の肘の上に慥《しか》と摑み切先を向の脇の下へ付け脅るなり

下段の附

向星眼此方下段にて向の切先へ付け看ると向跡へじりじりと引くを此方もじりじりと付け行く向三足四足にて止まり右足を出し此方の頭へ打込まんとする其右小手の起り頭を此方の小太刀にて強く押へ左足を踏込み左の手にて向の右小手の肘の上を確と摑み切先を向の腋の下へ付け扨左足を引き別れんとする處を向不意に右の陰より右足を踏入れ此方の頭へ打込むを此方右足にて一文字に受け留め向の左小手を打ち上段

撥

向星眼此方下段より星眼の拳を攻むる向此方の左の方へ一と足開き星眼を下

段に直し拳を防がんとする頭を此方も向の左の方へ一と足開き攻め乍ら左足を出し向の太刀先を張る向其儘右足にて此方の頭を打たんとする其起り頭の小手を右足を踏込み右小手を太刀にて強く押へ又左足を踏込み左の手にて向の右小手の肘の上を確と摑み切先を向の脇の下へ付け看るなり

左右の拂

向右の陰此方星眼向右足にて此方の頭へ打來るを切落す向又太刀を左の陰に取り直し此方の腰車を切拂ふ此方右の足を引き向の太刀の半ばを此方の太刀にて押へ向の右小手肘の上を此方左の手にて確と摑み向跡へ三足四足引くを其儘押行くなり

乗身

向脇構へ此方星眼向右足にて此方の頭へ打來るを切落す向切落されたる儘此方の腹へ突來るを此方右足を跡へ開き向の太刀を此方の太刀にて押へ向の右小手を此方の左の手にて向の肘の上を確と摑み向其儘三四足跡へ引くを押行き左足にて突放す向跡へ下り乍ら太刀を右の陰に取り追込み來る故に此方星眼にて足を左右左と三足後へ下る向又此方の頭へ打來るを切落し下段にて攻め行くと向も下段にて二た足三足引き乍ら又此方の頭を打たんと振揚ぐる右小手を此方右足を踏込み太刀にて强く押へ又左足を踏込み左の手にて向の右小手の肘の上を確と摑み切先を脇の下へ付け看るなり

以上

相小太刀之事

一つ勝

向星眼此方下段にて向の拳を攻むる 向其拳を防がん爲め星眼を下段に應ずる其切先に付け看ると向此方の右小手へ 打來るを此方右の方横へ摺拂ひ 右小手を打ち下段

下段の突

向下段此方星眼向より此方の腹へ突き來るを 此方體を少し應じ太刀先を 下げ此方の前より左の方下へ摺拂ひ 其儘刄を返し下より 匕《すく》ひ切《きり》に向の右小手を下

より打つ向又此方の右小手へ打來るを引乍ら向の太刀を此方の右横へ摺拂ひ
右小手を打ち下段

摺揚

向右の陰此方星眼向より此方の頭へ打來るを星眼にて摺揚げ向の右小手を打
ち上段

地生

向上段此方下段向より此方の頭へ打ち來るを此方下段にて向の右拳へ刃を上
へ返し下より地生《ちしやう》にかける向掛けられたる儘其腕にて此方の太刀を挫く處を
此方挫かれ乍ら太刀の刃を返し右小手を打ち上段

鳥飛

向右の陰此方星眼向より此方の横面へ打ち來るを此方星眼にて太刀合す向其太刀を挫く此方挫かれ乍ら刄を返し向の右小手を打つ向太刀を脇構へに取て一足になり後へ三足ほど飛び行く此方も脇構へに取り一足になり同じく跡へ三足ほど飛び引く向叉脇構への儘にて三足ほど飛び來る此方も同じく三足ほど飛行く向脇構へより右足にて此方の頭へ打ち込む此方左足の膝を突き脇構へより向の起る右小手へ刄を返し下より地生に掛る向掛けられたる儘腕にて其太刀を押へ挫く此方挫かれて刄を返し右左と膝を突き替へ乍ら向の右小手を打ち上段

拔打

向太刀を帯したる形にて來る此方も同じ形にて進み行く向より太刀を拔かんとする其起り頭の右小手を此方太刀を早く拔き向の半ば拔く處を打ち右足を後へ引き右の陰に構へ看るなり

以上

刄引之事

表の巻

向星眼此方下段間合になりて 向の右の方へ仕掛け左足より右足を左の方へ一と足開き向の拳を攻める向此方の右の 方へ左足より右足を一と足開き星眼の太刀を下段に直し拳を防がんと應ずる 處を逃さず向の太刀の半ばを 此方の右より左へ巻き向の左の方へ寄り本覺に搆へ見るなり

裏の巻

向星眼此方下段にて 向の左の方へ仕掛け右足より左足を右の方へ 一と足開き

向の拳を攻むる向此方の左へ右足より左足を一と足開き星眼の太刀を下段に直し拳を防がんとする處を逃さず向の太刀の半ばを此方の左より右へ卷き向の右の方へ寄り逆の本覺に構へ見るなり

摺込

向星眼此方下段にて向の拳を攻むる向太刀を下段に直し拳を防がんとする切先に付け摺込み乍ら少し進んで突く向も躰を少し跡へ應じ刄を合す

摺揚

向星眼此方下段より向の太刀先に付け看ると向此方の胸を目當てに突くを其儘摺揚げ又摺込み乍ら少し進み突く向も少し跡へ應じて刄を合す

跡 三つの浮

向星眼此方下段にて向の太刀先に付ける 向左足を出し此方太刀の左より巻く此方右足を引き突く向又右足を出し 此方太刀の右より巻く 此方左足を引き突く向又左足を出し此方太刀の左より 巻く此方向の巻く 太刀を抜き上太刀《うはたち》に押へ脇へ狭みし心持にて押へ向の引處迄付け行き跡刄を合す

裏 切

向星眼此方下段にて 向の拳を攻むる向下段になる切先に 付け見ると向直ぐに此方の右小手を打ち來るを此方右足を引き體は進むやうにして 刄にて上太刀に押へ突く心持にて向の引く處迄押へ行き向止まりて刄合す

拳の拂

向星眼此方下段にて裏切の如く向の太刀先に付け見ると向太刀を右の陰に取り此方の左拳を切拂ふ此方体を少し跡へ應じ逆に手返し上太刀《うはだち》に押へ突く心持にて向の引く處迄押へ行き向止まりて双合す

先 二つの浮

此方星眼向下段より右足を引き乍ら此方太刀の左より巻く此方左足を進み突く向又左足を引き乍ら此方太刀の右より巻く此方右足を進み突き跡双合す

先 三つの浮

此方星眼向下段にて右足を引き乍ら此方太刀の右より巻く此方左足を進み突く向又左足を引き乍ら此方太刀の左より巻く此方左足を進み突く向又右足を引き乍ら此方太刀の右より巻く此方左足を進み突く跡刄合す

表の張

此方右足にて星眼向下段より此方太刀左り半ばを右の陰に取直し張る此方右足を引き右の陰に取り外し又右足を早く踏入れ向の胸の處へ太刀を當て又左足を踏入れ右足を開き乍ら左の陰に搆へ看るなり

裏の張

此方左足にて星眼向下段より左の陰に取り此方太刀右の半ばを左足にて張る

を此方は左足を引き左の陰に取り外し又左足を早く踏入れ向の胸の處へ太刀
を當て又右足を踏入れ左の足を引き乍ら開き右の陰に搆へ見るなり

以　上

薙刀手數總目錄

水玉

小脇にて進み敵より面へ切込み來るを切落して打ち跡霞

黑龍

小脇にて進み石突にて切落し刄にて又切落し打つ跡同斷

駒返

千刄にて進み刄にて合せ石突にて切落し右へ開き肩を打つ跡同斷

左柴折

小脇にて進み石突切落し後切込む處を地生に掛け左右へもぢる

右柴折

右同斷にて左右の違ひ斗《ばか》り

金剛劔

千刄にて進み打込み來るを擂り上げて肩を打つ

白刄取

千双にて進み双にて合せくぢかれて敵長刀の旨《むね》を取る小手へ打込み來る時右の手を放ち右の足を跡へ開き又敵面へ打込み來るを左の手其儘持替へ體を開き右の足も開く可し左の手にて打込み來る受流し二足進み敵の手首右の方を右の手にて取り左の手長刀を向けるを右の手を前へ引く敵ぜりに相成り右の手をいたむ可し

三ケ月

小脇より進み地生に掛かる

虎亂

千双にて進み双にて合せ足へ打込み止り敵面へ打込む處を裏より巻き落し小

手を打つ

楯拂

小脇にて進み石突にて切落し刄にて切落し三つ巻

草摺落

千刄にて進み摺上げて手を左へ持ち替へ敵右の草摺を打ち左へ抜け又打ち來る處を摺上げ左より右へ抜ける

柄碎

千刄にて進み刄にて中柄へ引掛け一足下り敵面へ打ち込み來るを切落し左持

替へ又切落し打つ

旭

晴眼にて進み切落し千双にて詰める

折敷

技《わざ》に構へて進み足を拂ひ止りて敵切込む處を裏より切落し

大霞

左構への霞進み切落して詰める

陰陽刀

千刄にて進み右にて切落し又左にて切落し詰める

七曜劍

小脇にて進み石突にて切落し刄にて 又切落し上太刀に乘り又おさへて 敵切來る處を二つ引拔き三つ目を裏より切落し詰める

九曜劍

小脇にて進み切落し詰める

水車

千刄にて進み刄にて合せ一足下り石突にて切落し石突にて突く止められて敵切來るを石突にて切落し替へ開きて肩を打つ

龍尾

脇構へにて進み中柄をおさへ引拔き切込む處を摺り拂ひて小手を打つ

拂捨

脇構へにて進み摺る

奥之形手數目錄

水月

晴服に搆へ進み敵の太刀と合せ左右よりはりて右の小手へ打込むを止めて一足下り裏面《おもて》へ突込むを止りて又足へ打込むを又止りて敵より面と打込み來るを裏より切落し内小手を打ち跡八方の筌《せん》の搆へにて霞み終愼《しゆうしん》

陰之位打

つゐ搆へにて進み敵面へ打ち込み來るを切落し左右より三つはりて進み詰め

る跡同斷

圓月之位

晴眼にて進み敵の太刀と合せ敵左右よりはり裏より卷き落す上太刀にて左右より三つはるを三足下りて敵より面へ打込むを右突にて二つ切落してから進み敵の左の横面へ打込み又止り又足を打つ止りて又敵より面へ打込むを立ちながら落切し面を打つ跡同じ

車掛

千刄にて進み足へ打込み止りて面を突き又止りて敵裏より上太刀で乘り卷きながら追ひ來る卷き捨て面へ打ち込むを摺拂ひ二つ進みながら卷き敵又面へ

打込む處を石突にて切落し替はりて片ひざを付け居《をり》しき足を打つ止りて面へ敵より打込み來るを又左居《をり》しきに居敷《をりしき》直して替りて石突にて切落して石突にて面を突く跡同じ

表之摺落

つゐ構へにて進み足を打つ止りて面を突く又止りて表より摺落しながら二つ進み霞みて詰める跡同じ

裏之摺落

晴眼にて進み表へ合せ裏より摺り落し二つ進みて霞み詰める跡同じ

鳥鵬及

小脇より進み切落し又打込む處を石突にて切落し左へ居《をり》しきにて地生に掛け
立ちながら左の手にて敵の右の足を取りなげる跡同じ

鎗入身心得口傳

敵必ず突く許りと思ふ可からず鎗にても打ちたゝき來る可し愼む可し彼を知り是を知り手前を忘る可らず稽古の內心體の掛引待中《まちちゆう》掛掛中待《かけかけちゆうまち》と言ふ事常に怠る事なかる可し

以上

右者子孫の爲め認置き候也

大目錄皆傳之卷　奥の口傳

星王劍

石火位
鐘位
露位

是は免狀之傳授也。星王は北辰也。乾坤を貫きたる位也。星王の位そなはり北辰我、我北辰と觀念し、打てども突けども、寂然不動として不動位也。其乾坤を貫《つらぬき》たる廣大の位に、石火鐘露の三つの位自ら備はる、石火は金石に火を含みたる如く、中れば業を生ず。鐘は大鐘の如く、敵の力だけに響き應ず。露は草の葉末に露の止りたる如く、心氣力滿々と滿ちて、草葉につける露の如く、觸ると落る美妙無相の早業、至然に備はりたる位なり。(口傳)

右一卷有口傳雖極祕拔衆人執心甚深而修業無懈怠勝
利之働有之間大目錄皆傳差進之候不迷亂雜以誠意之
工夫必勝之實可有叶候仍如件

千葉周作小傳

一、劍聖の家系

千葉周作は、その父をして、故鄕なる東北の僻村から、遙々江戸へ彼を伴ひ、劍道の修業をせしめんと決心させた程に、彼はたぐひ稀なる非凡の少年であつたのである。江戸へ出てからの彼は、血の滲むやうな精進を積むこと十幾星霜、先天的の素質に、超人的な切瑳が加はつて、遂に幕末隨一の劍聖と謳はれ、お玉ヶ池に玄武館を興し、無慮三千餘人の門弟を指導するに至つた。これ實に日本劍道史上の一大異彩といふべきであらう。

千葉周作は姓を平《たひら》、名を觀、字を成政《なりまさ》、そして屠龍《とりう》と號した。寛政六年即ち甲寅《きのえとら》の正月元旦に生れた。それがため寅をとり於菟《おと》松と名づけ、後年周作と改めた。その先祖は下總の豪族であつた千葉常胤《つねたね》から出てゐる。

千葉常胤の一族は數が多く、その勢力も亦非常に大きかつた。その子孫のうち陸前國栗原郡花山村（現在の宮城縣）に移り住む人があつて、代々、その一家は村中の第一の名門として村人に尊敬せられた。周作は實にその家から輩出したのである。

尚、精しく述べると、慶長の頃に、その一族に大和《やまと》といふ人があり、勇武をもつて近隣に聞えてゐたため、伊達政宗が或る時書を贈つて聘しようとした。しかしこの大和は志氣がすこぶる高潔であつたところから祿のために政宗に仕へることを望まず、たうとう農耕に身をゆだねて世を終つた。

その大和の數代の子孫を淸右衞門といつた。この人は文武の兩道に秀でてゐて多くの子弟を養つてゐた。その住む家の後の山上に一つの祠《ほこら》があり、そこには一寸八分の黃金の像が祀つてあつた。これを名づけて北辰妙見宮と言つた。昔から千葉家の鎭守の神として代々尊びうやまはれてきた神であつた。

淸右衞門の次子を幸右衞門といつた。この人は醫學を學び劍法を修業して、ともにその技《わざ》に精通した文武兩道の達人であつた。もともとこの花山村は羽後の國雄勝郡（現在の秋田縣）と土地が隣り合つてゐた。それで秋田藩の門閥である戸村某が、その盛名を聞き、これを藩主の佐竹氏に推薦した。推されて一度は祿を食んだその幸右衞門も、生れつき非常に志操が固く、人に屈することを好まなかつた性質のため、それから程なく、その職を辭して、栗原郡荒谷《あらや》村（現在の宮城縣）に歸り、同じ一族である千葉吉之丞に身を寄せた。

この吉之丞といふ人は相馬中村の藩士であつた。或る時、君前で同じ藩士の上山《かみやま》角之進と劍法の技《わざ》を闘はして敗れたことがあつた。それがため吉之丞はそれを大いに恥ぢて發奮し、相馬の妙見宮に參籠して、熱心に武術の上達を祈願した。その日が何日も續いた或る一夜、神籤に劍法の祕訣を授けられた夢を見ると、豁然とその一身に通じるものがあり、それから急に技法がすすみひらけた。神に授けられたその祕法のため、自分から命名してこれを北辰夢想流と言つた。現在、その家に、北辰夢想流發端《ほつたん》の卷が一本、同組一本、同印可《いんか》一本が傳へられてゐる。吉之丞は、その後、理由があつて職をやめ、荒谷村に來て農業に從つた。

この吉之丞を師として幸右衛門は劍法を學んだのである。吉之丞は幸右衛門の氣骨の非凡なのをひどく愛して、終に自分の後嗣《あとつぎ》とし、その娘を嫁とした。

幸右衛門とその娘の間に三子が生れた。長子を又右衛門末子を定吉といつた。次子が即ち千葉周作その人である。尚ほ周作は當時の仙臺氣仙郡氣仙村に生れた。

幸右衛門は養父に劍の祕訣を受けて、その技倆は益々熟達した。或る日從容として吉之丞に向つ

た幸右衛門は

「我家がいま落ちぶれて百姓の仲間入りをしてゐることは殘念なことである。自分は魯鈍ではあるが、武術をもつて身を立て、家を興さうと思ふ。父上のお考へはどうでありますか」と問うた。

それに吉之亟は喜んで

「自分にもその志はあることであるが、しかし今は年をとつてどうとも仕様がない。どうか、お前が發奮努力して、再び我家の名を揚げてくれ」と言つた。

幸右衛門はこれから北辰妙見宮に一心に家名再興の願をかけ、益々志をふるひたたせて武藝にはげんだ。

獅子は生れながらに猛牛をも呑むの氣慨をそなへてゐる。幸右衛門の子に生れた周作も亦、その獅子と同じやうに父の行ひを見るにつけ、幼いながら何か心に期するところがあつた。

二、奇士の先見

栗原郡と玉造郡（共に現在の宮城縣）との境に小田といふ一村がある。その山中に孤雲と號した一隱遁者が棲んでゐた。孤雲は本名を佐藤重太といひ、仙臺藩の士であつた。若い時、松皮疱瘡《まつかはばうさう》といふ悪質の疱瘡に罹り、頭髪は抜け落ち、片方の眼はつぶれ、その顔一面の瘢痕《あばた》は黒く松かさのやうで、お化としか見えなかつた。

すべてを諦めた孤雲は妻と別れ、職を辭めて家にとぢこもると、それから讀書に耽りつづけた。經史より百家の書にいたるまで、一冊として讀まない書籍はなかつた。その中でも最も刀劍の鑑定に精通してゐた。その性質はあくまで率直であり、人におもねることを好かず、どのやうな高位顯官の人間にも膝を曲げようとはせず、人の曲つた行ひを見るとその人に面と向つて忌憚なくその非を説いて聞かせた。全くその顔は醜くかつたけれども、その心は花のやうに美しかつた。

それがため、當時の名族である岩出山《いはでやま》の伊達氏、眞坂《まさか》の白川氏、並びに仙臺藩老の遠藤氏などはみな孤雲の人格を尊敬して、いろいろの、藩の事務のことまで問ひ、相談するやうになつた。これこそ獨眼龍伊達政宗の下にこの獨眼龍ありといつた偉觀であつた。

孤雲は早くから幸右衛門の名を聞き知つてゐて、親しい交りを結び合つた。興味が湧いてくると、ふらりと孤雲は幸右衛門の宅を訪ねて來て、數日とどまり、學問を語り、武術上のことを議論し合ふのが常であつた。

一日、孤雲がひよつくり訪ねてきた。幸右衛門はこれを迎へて言つた。

「自分の家系は鎌倉の功臣千葉常胤より出てゐるが、終にから落ちぶれて民間の人になつてしまつた。そこで自分は久しい間、家運の挽回に努めてゐるがまだその目的を果すことが出來ない。この上は三人ゐる自分の子供に家名を興させようと思ふ。その三人のうちのどの子がそれに適してゐるか、どうか鑑定してほしい」

それを聞いて孤雲は、快よくひきうけた。そしてその長右衛門と周作と定吉の三子について性質行動を觀察してくると、周作が一番である。英姿雄心ともに他にぬきんでてゐる。

そこで、孤雲は一室にはいつて聲をあげ

「於菟、於菟」と呼んだ。

何事かとその室に入つて來た周作に、不意に、孤雲はその太刀を拔き、大聲をあげてそれを眼の前に突きつけた。刀の閃きがきらりとあたりにとび散つた。

が周作自身は、泰然と落ちついてゐる。そして

「叔父上、一体なにごとです」と詰《なじ》つて、一向に驚きの樣子も見せない。

孤雲はにつこりと笑つて

「えらい奴ぢや。やがて天下に名をあげるのは、この子をおいて外にない」と獨りごとを言ひ、

それから幸右衛門に向ふと

「於菟松の膽力が一番すぐれてゐる。きつと傑れた武士になるであらう。これを善く導き教へられるがよい」と語つたので、父の幸右衛門は非常に喜んだ。そして周作に絶えず、撃劍の術を教へさとし、英雄豪傑の話をして聞かせては導き勵まして、天下第一番の劍客に仕上げようと苦心した。

この時、周作は年わづかに七八歳の幼さであつたが、よく父の志を知り盡して、粉骨碎身し、懸命に勵んだ。そしてやがては天下にその類を見ない劍士にならうと心に期してゐた。

三、劍聖の少年時代

この父にしてこの子ありとは、幸右衛門と周作の場合がよい例である。

於菟松は父より劍術を學んで四五年も經つと、それに生れつきの才と努力の功が加つて、技倆がめきめきと進み、十一二歳の頃には、はるかに年上の者を追ひ拔く腕前になつた。

その少年時代を物語る數々の、かういふ逸話がある。

荒谷《あらや》斗《と》瑩山《けいざん》の麓の方に川が一つ流れてゐる。水が淸くてまるで鏡のやうに澄んでゐた。毎年夏季になると、村の童兒がたくさんそこへ水泳をしにやつて來た。

或る年、大群の蜂が、その川の傍の路わきにある大きい樹にやつて來て巣をこさへたことがあつた。その巣の大きさは一斗樽ほどにも太く、俗にいふカメ蜂の巣であつた。ぶんぶん啼くその羽の音は、まるで遠くで鳴る雷のやうにとどろき、若し人がその樹の下を通ることでもあると、蜂は群がり立つて、螫すのである。そのやうであるから村の童兒は、水泳にゆくことも出來ず苦しんだ。裸になつた時にでも螫されたら、それが最期である。

周作は幼い時から義氣に富んだ人であつたので、それを見ると捨ててはおけなかつた。

「よし自分が人々のためにその災を除いてやらう」と決意し、一尺あまりの棍棒を手にして、その樹の下へ行つた。それを見てゐた多くの童兒は、蜂が怒つて暴れはじめ、そのため於菟松ばかりでなく、やがては自分たちまで螫し殺されはせぬかと怖れはじめた。そして聲をそろへて
「大變だ、大變だッ」と叫び出した。

周作はそれに構はず、するすると素早く樹の幹を攀ぢ登ると、巣の下にある枝に立つた。すると、蜂の群は敵が來たと、わつと湧きたち、何千といふ數がみな、羽をならし尻の鋒を揮つて螫し殺さうと飛びかかつて來た。その勢ひは眼にも見えぬやうに猛《たけ》く、物すごかつた。

周作はそれにびくともせず、手にした棍棒を打ちふるつてその蜂を電光石火の早技で、撃ち落していつた。棒にあたつて死んでゆく蜂が、まるで風に散る雪か花びらのやうに、無數に樹の上から地上に落ちていつた。

忽ちのうちに、その數千の蜂をみな殺しにしてしまつた周作が、はじめて樹上の巣をふり仰いで見ると、もう蜂は一匹としてその住家を護つてゐなかつた。巣の外に影も形も見えない。そこで周作は、その蜂の巣の一斗樽の大きさもあるやうなのを樹からもぎ取ると、悠々として下りて來た。見ると、その身體には一つの螫し傷も負うてゐない。これには附近の人達も聲をそろへて、その冴えた腕前に感嘆したといふことである。

次にやはり少年時代に大盜を畏縮せしめた事實が殘されてゐる。

當時、奥羽地方を荒しまはる二人の大盜賊がゐた。一人を關東今吉といひ、もう一人を關東稻吉といつた。二人とも大力の上に武藝の心得があつたので、捕吏たちは恐れをなして捕ふることが出來なかつた。

或る時、山形より山越しに、この二人の盜賊は、玉造郡鳴子の溫泉（現在の宮城縣）に忍びこんだ。捕吏どもは早速に追跡してこれを、栗原郡の長崎小僧と呼ばれる山中に追ひ迫つた。二人は斷崖を攀ぢのぼり、絶壁を乘りこえて、山の奥ふかくへ逃げ去らうとした。そこで捕吏は村民を督促して追跡するけれども、一同は危險を恐れて一向に近寄らうとせず、只遠くから鳥銃をぶつ放して撃つだけであつた。

關東今吉はもう逃げおほせないことを觀念し、兩刀を拔き放つと、猛然と、追つて來る捕吏、村民の群中に斬つて入つた。その勢ひはまるで阿修羅のやうに荒々しかつた。斬り倒されるものが次々にあらはれた。

捕手の役人たちはそれに恐れをなして、鬪ふどころか、皆、先を爭つて逃げ出した。

丁度その時、幸右衛門父子が郡の役人の請ひに應じて、此處にやつて來た。そしてその有樣を見ると父は憤然と聲をあげて

「自分は千葉幸右衛門だ。そこ動くな」と大喝した。

それを聞いた今吉は、忽ち

「やあ、千葉先生か」と言つたかと思ふと、手にしてゐた兩刀をその場に投げ捨てた。

「そして今こそ年貢の收め時だ。さあ、尋常にお繩を頂戴しよう」と言ひ、地の上に坐ると、自分から兩手を後ろにまはした。幸右衛門はすぐ

「神妙な奴だそれ早く縄をかけろ」と呼んだので於莵松少年はすぐ驅け寄つて縄を掛けた。すると稲吉の方はその隙を見て逃げ去らうとした。それを見た今吉は

「稲吉もう駄目だ。千葉先生がかうして居られる以上、どうして首尾よく逃げることが出來よう。かやうな大先生の手で縛られることこそ盗人の幸せといふものだ。おとなしく縄にかかれ」と怒鳴つたので、稲吉もあきらめて、刀を投げ捨てると、潔く縛に就いた。

これを見ても分るやうに幸右衛門父子の名前は、もうこの地方のどのやうな隅々にまでも轟きわたつてゐたのである。

周作が成長して十五六歳になると、武道の技倆ますます進歩し、体力といひ膽力といひ一層大きさを加へてきた。

或る時、取締りの役のため、受持の部落を巡回して、櫻の目にやつて來た。すると一軒の武士の家で、弓術の稽古をしてゐた。多數の若者がかはるがはるに弓を射て腕を競つてゐた。そこで、周作は足をとどめて、暫くの間ぢつとその様子を眺めてゐたが、その時、一人の武士が周作に眼をつけ

「おまへも弓が好きか」と訊いた。その態度がひどく驕《たか》ぶつて生意氣だつたので、周作は鋭氣を

胸一ぱいに満へて、輕く一禮すると
「少しは心掛けてゐる。だが見てゐると、あなた方の矢先きはとても鈍い。大体、それでいざといふ時の役に立つものであらうか」と言つた。すると若者たちは忽ち、眞つ赤になつて怒つた。その中の一人が憤然として躍り出てくると
「無禮な小僧だ。そんな大言を吐くおまへならきつと弓の心得があるだらう。さあ俺たちの矢先きに立て。物の役に立つかどうか、腕前を見せてやらう」と迫つた。周作はにつこりと笑つて
「易いことだ。さあ早く試《ため》して見給へ」と言ひながら、手に木劍を提げて、矢場の眞中に進み出た。それを見た年寄りたちは眉を顰《ひそ》めて心配げに
「こりや、とんだことになつたわい」と呟きながら、もうどうとも仕樣がないので、各々手に汗を握つて眺めはじめた。
例の若者は強弓を執つて矢場に立つと、やがて、次々に矢をつがへて一散に射はじめた。その矢の飛んでくる有樣は、まるで蝗《いなご》が飛んでくるやうに周作に向つて集中された。
ところが周作は少しも慌てないで、その矢の高いのには身を屈め、低いのは躍り越えた、そして眞中に來たのは、はたと打ち落した。それは輕妙敏速で、目にも留まらぬくらゐであつた。

軈て、矢種の盡きたのを見澄した周作は、木劍を投げすて

「御無禮の段、なにとぞ御許し下さい」と言つて丁寧に會釋をした。それには流石の若者も顔を赧らめ、すごすごと引き退いた。

この時如何にも武士らしい一人の士が、人中《ひとなか》から進み出て來ると、周作に一禮し

「今のやうな武藝早技は昔から見たことがない。あなたはきつと根《ね》からの百姓ではありますまい。かまはなかつたらどうか生れを明かしてもらひたい」と言つた。それに周作はゆつたりと禮を返して

「今こそ名もない百姓の小倅ですが、これでも武士の血統《ちすぢ》は受けてゐます。多少武藝の端くれは學んだにしましても、お褒めにあづかるほどのことはございません」とへり下つて言ふと、武士は

「どうもさうだと思つた。この後も天晴修業をつんで、天下に名をあげる武藝者になられるやう心がけたがよい」と告げてそのまま立ち去つた。

この人こそ、仙臺藩老遠藤氏の一族で名前を十次といひ、弓術の達人であり更に和歌の名家として、早くから有名な人であつた。丁度この日、主人の石母田《いもだ》氏の邸に來たついでに、この弓の席に列席してゐたもので、全く英雄はよく英雄を見拔くといふべきである。

四、劍道の熟達

枳棘《いばら》の生え茂つた荒地は鸞鳳などの住む土地に適しない。片田舍は將來をもつた麒麟兒の生涯を托すべき土地とはならない。雄飛せんとする人間はすべからく廣大な天地を目指すべきである。

文化六年になつて幸右衛門は三子の前途を考へ、この上は大きい都會に移住するのが子たちの將來のために得策だと決め、孤雲を訪ねてそのことを相談した。孤雲も、その企てに大いに贊成し、父に一緒についてきた周作をふりかへつて

「よいか、池の小さい魚どもには大海の廣さといふものが分らない。また大鵬《おほとり》でなければどうして扶搖《ふえう》といふ神木の高さを見究めることが出來よう。だからお前はこの狹い土地を去つて江戸にゆき大いに修業せねばならん。それこそ池の魚の小さい考へを捨てて即ち大鵬《おほとり》のやうな大志を養ひ育てることが第一だ」と言つて、筐の中から一振りの刀を取り出し、更に言葉を次いだ。

「さあ、この刀を贈物にして於菟の前途のお祝ひとしよう。江戸に行つたならば必ず劍道を勵んで、その名を天下に廣めるやう努力せねば駄目だ。小さな成功に安心して大なる功を願はないのは、男子の恥とすべきことだ」と勵ました。

周作は大いに喜び

「このやうな名劍をいただいて、何よりも嬉しく存じます。この上はきつと技《わざ》を研き、武を練つて、今日のこの御厚意に報いませう」と答へて、その刀を頂戴した。これこそ祐定《すけさだ》の名刀であつて「永祿三年二月祐定」といふ銘が刻りこまれてあつた。孤雲が日頃から愛藏してゐた刀である。

その後、數日して、幸右衛門は三人の子供を從へ、荒谷村を出發した。そして江戸の近在の松戸に足をとどめ、若い頃修めた醫術に賴つて醫者を業とし、名前を浦山壽貞と改めた。三人の子供はそれぞれ師につかせて文武の道を修業させた。

壽貞即ち幸右衛門はこの松戸に住ふこと二十年に及んで、天保二年正月十七日に歿した。眞言宗法光院に葬り、醫德院壽本量貞居士といふ諡《おくりな》をした。

周作は幕府の旗本の武士喜多村石見守正秀に仕へた。松戸の住人である淺利又七郎義信は若州の酒井氏に仕へ、小野派一刀流の劍法の達人であつたところから、周作は又この人について劍道を學んだ。淺利又七郎の開いた道場に通ふことが數年のうちに、周作はその祕法をことごとくおぼえ、技術はますます妙境にはいつた。その時、年わづかに二十三歲であつた。

又七郎は周作の腕前に大いに感服し、この上は自分のもとに置いておくべき人物でないと見拔き、自分の師匠である中西忠兵衛に推薦して、更にその技を學ばせた。

この中西忠兵衛といふ人は一刀流の家元であり、早くより道場を開いて、劍道を指南し、その名前はその技《わざ》とともに江戸中にひびきわたつてゐた。周作は即ちこの人について切瑳の功を積んだのである。

當時中西方には古參の門弟中、寺田五郎右衛門、白井亨、高柳又四郎などの錚々たる技倆の輩が屯集してゐた。周作は一躍してその右に出ようと思ひ、毎日、それ等の人物と試合ひをし、百回にいたらなければ止めなかつた。その努力こそ、全く恐ろしいものであつた。

しかし周作の技倆はその時すでに妙境に達してゐて、これに優るものは多くある筈がなかつた。そこで、他の道場に行つて試合をすることが少くなかつた。技術を鍊るためには、それも亦良い方法であつた。

或る日、忠兵衛の道場で古參の輩と技競《わざくら》べを行つてゐた。周作はその相手に及ばず、ややもすると負けさうに見えた。そこで周作は大いに發憤し、滿身の力をこめて、

「えいッ」と一聲叫んで、相手の面に叩きこんでいつた。するとその途端に、足を踏んづけた床板がめりめりと折れてしまつた。

それを眺めてゐた師の忠兵衛は

「かやうに厚い床板を踏み折つたといふことは前代未聞であり、この後にもないこと疑ひないことだ。力量が拔群でその上稽古に熱心な者でなければ、どうしてこのやうに板まで踏み破ることが出來ようか」と言つて感嘆しつづけた。そしてその床板を修理してからも、尙ほ、その折れた床の板を道場に陳列して

「これは千葉周作の氣合ひによつて踏み折れた床板である。お前たちもこれに劣らぬやうに奮勵しなければいけない」と告げ諭して、他の門弟を常に激勵した。

周作は忠兵衛の元にゐることが一二年なのに、もうその祕術を全部學びつくした。全く出藍の譽とはこのことであり、忠兵衛以上に優れた劍聖千葉周作が、その道場から現はれるにいたつた。

淺利又七郎は、自分が師の中西忠兵衛に推薦したため周作の技倆がめきめき上達して並ぶ者がないほどになつたのを誇りに感じた。そして將來を大いに期待し、無理に請うて周作を自分の後嗣《あととり》にしようとして、姪の小森氏をその妻とした。

そこで周作は喜多村家に仕へることを辭め、専ら劍術の教授にたづさはつた。それがためその盛名を聞いて業《わざ》を受けに來る者が日增しに多くなり、淺利塾の名前は、それより著名になつてきた。

これは一に劍聖たる周作の偉大さを裏づける證左として見のがせぬ事實である。

五、一流の開創

劍道に對する周作の覺悟といふものは、とりもなほさず、終生の一大事業であつて、それがためには日夜を分たず研究し、思ひを深めて、未だ先人が開くことの出來なかつた祕術を究め明らかにせんとすることにあつた。その態度といふものは極めて嚴正で、苦心慘澹し、ために徹夜し一睡もしなかつたことが何度あつたか知れなかつた。

精神ひとたび到らば何事をも成就することが出來る。周作は遂に

「劍道の極意は、心氣力の三つのものが一致して、これを行ふに一瞬一息といふ僅かな時間の微妙の機をよくつかむにあり」

との道理を發見し、更に技を錬るに精密の奧底を極め、劍術の運用には迅速を盡した。その妙手靈腕は金鐵の堅きも斷つことが出來るほど强く、又鬼神もそれを避けることが出來ないほど速やかであつて、周作の技術は一段の進歩を遂げてきた。

ここに於て周作は、古來からの技法のまだ不充分なところ不完全なところのあるのを遺憾に思

ひ、組型等について、大いに改良改善しようと志し、具《つぶ》さにその意志を又七郎に申しのべた。然し、又七郎は古法を遵守して、どうしてもそれを改めようとはしなかつた。又、周作に對してもそれを改めることを許さなかつた。

周作は何回も、改良についての利害を論じ陳べ、説明し盡すけれども、やはり又七郎は頑固に同意を與へなかつた。

劍道のために心身を捧げ盡さうと思へば、どうしても親又七郎の命に背かないわけにゆかない。反對に親の命に從つてゐたら、劍道の改良發達を期することが出來ないのである。果して、どの道に自分の身を捧げたがよいものか、劍の道にか、親の命にか、と周作は腕を組んで、沈思し默考することが毎日幾時間もつづいた。親の命に背くは不義であり劍に背くはわが身を殺すことである。さうした永い考への末に周作は遂に意を決した。

「潔く去つてしまはう。去らう。自分は劍の道に生きるため當然ここを去るばかりだ。劍道の要訣は、多數の子弟を教育して國家の衛《まも》りを強めることにある。教練の方法が不備なため後進の子弟に不利であることを知りながら、はしたない私情に殉じて、これを改めることもせず、自分の信ずるところを折り抂《ま》げて子弟の教導を誤るのは、決して男子のいさぎよしとしないところである。この上はここを去るが一番だ。去らう。自分は又七郎との間の父子の縁を切つて潔く去らう」

そこで又七郎から傳授せられた小野派一刀流の傳書、系譜を返して、父子の縁を斷つてしまつた。その劍に身をゆだねた一念は恐ろしく、如何に周作が劍道のために盡してきたかをこれだけでも窺ひ知ることが出來る。

淺利の家を出た周作は自ら一流を開創しようと思ひ、外祖父吉之丞の創めた北辰無想流と中西忠兵衛から傳授された一刀流とを取捨折衷して、最も實用に適する組型を制定し、これに北辰一刀流の名をつけた。ここにこの流派が發生した。富士淺間流の開祖中村一心齋呑龍はこれを聞いて

「天下廣しといへど、この一流に及ぶものはない」と絶稱した。

周作の創み出したこの一流は忽ち江戸にひろまり、淺利塾の子弟をはじめとし多くの劍士が業を受けにそこに集つて來た。

尚、周作の養父であつた淺利又七郎義信は嘉永六年二月二十日に死沒した。行年七十六歳淺草の慶印《けいいん》寺に葬られた。

六、諸州遍歴

その當時、劍士で諸國を遊歴して、技を較べ合ふものが多かつた。これを稱して武者修行といふのである。

周作も亦自分の技倆を試してみようと思ひ、文政三年、飄然と一人で下野《しもつけ》上野《かうづけ》の地に遊び、次に甲斐、武藏、駿河、遠江、參河、信濃の諸州を歴巡した。その時年二十七であつた。

この時代、劍道を以て身を立て道場を開くものが少くなかつた。皆、傲然と威を張つてゐて、天下に敵なしと自稱してゐる輩が多かつた。

しかし、周作に立ち向へる人間は一人もなく、皆一擊か二擊かで破られてしまひ、互角《ごかく》の勝負すら出來る腕前の者がなかつた。甚だしいのにいたつては、一喝をくらつただけで敗れてしまひ、空手《からて》で敗れてしまふ者もあつたくらゐである。

上野の國では神道無念流で名代の木村定次郎を破つた。木村は二代戸ヶ崎有道軒の高弟で、この地方切つての劍豪であつた。

周作はその試合のたびに對手の氣勢をさとつて己の構へを變へた。その說くところは、玄妙に趣らず、何人にも諒解し易く、而も周作自身が劍を握つては鬼神を挫ぐ腕があつたので已の節操を折り膝を曲げてその門に敎へを乞ふものが次々と現はれた。

參河の國擧母《ころも》に遊んだ時など、城中の諸士は、周作が四人力の劍士であると聞いて恐れ、誰も進んで技を競ふものがなかつたほどである。

丁度、旅館にゐて周作が弟子入りした者に劍の手ほどきをしてゐると、城中の四五人の武士が、こつそりとやつて來て、宿の主人に向つて

「今度、江戸より來た人は頭が鴨居《かもゐ》につかへるほど背高く、力量は四人力あるといふことだが、全く恐ろしい人だ。賴むから少し、その稽古ぶりをのぞき見さしてくれ」と乞ひ、おそるおそる垣根の間から盜見したといふことである。

それだけでも、周作の前には如何なる城も潰《つ》ひえてしまつて、敢て何の威力を持たなかつたことが分るのである。膽力もなく勇氣を持たない武士どもが、その周作の妙技を嫉み、或は周作に勝つたと僞つて勇名を衒《てら》ひ、或は夜陰に乘じて祕かに襲擊を加へようとしたり、甚だしい者にいたつては周作を毒殺しようとする者さへあつたくらゐである。その隆々たる盛名は將に一世を壓したといつてさしつかへないのである。

文政五年の正月に、周作は再び上野の國に遊んだ。高崎の劍士小泉某はこの國第一の大力と噂されてゐた。しかし、周作と技術を闘はせたけれど及びもつかず、又力くらべをしても敵はなかつた。そこで小泉某は周作の伎倆が自分の師より優れてゐることを知つて、無理に願つて、その門弟になつてしまつた。

又、佐鳥《さとり》某、四方田《よもた》某以下著名の劍士、それに吉田川、岩井川などの力士までが、續々とやつて來て門弟になり、十日も經たないうちに、既に百數十名の多きに達した。

その中で、細野某といふものが、門人一同の氏名を列記した額面をすぐ近在にある伊香保神社に奉納しようとしてそれを周作に願ひ出た。他の門弟ども皆これに贊成した。周作はそれに

「このやうなことは、聊《いささ》か、世間に對して自分の名聲を見せつけようとする嫌ひはあるが、よく考へて見ると神の御德を讃頌しようとする心から出たことであるから、又世間にもその例が多いことと思ふから、自分から强ひて反對しようとは思はない。皆のよいやうにやつたが宜しからう」と答へて、これを許した。

皆は大いに喜んで、厚さ一尺五分の大額面を作り、いよいよ四月八日と定めて、それを奉納しようとした。

ところがこれを聞き知つた上野國の劍士が大いに憤慨し、これを妨害しようと企てた。それがため、ここに一大紛擾が起るにいたつたのである。これは、周作が諸國遍歴中に起つた最も重大事件であり、特筆すべき經過が劍聖の名とともに、今に至るまで殘し傳へられてゐる。

七、上州の葛藤

上野の國馬庭《まには》に眞庭十郎左衛門といふ念流の劍士があつた。その祖先以來、劍道を指南すること十八代で、國中の劍客の殆んどがその門から出ない者はないくらゐで、武士から百姓にいたるまで、厚い尊敬をはらつてゐた。

しかし、周作がここに來遊してからといふもの、十郎左衛門の高弟小泉某以下、皆周作の妙技に感服し、それがため周作の門に從ふものが少くないやうになつてゐた。若し額面を伊香保神社に奉納するやうになれば、これに名前を書き列ねる者のうち、十中八九は十郎左衛門の舊門下生になることになる。かうなると、十郎左衛門の名聲は忽ち地に墜ちてしまひ、周作に地位を奪はれてしまふことは必定である。

さうでなくてさへ、周作を嫉みきつてゐた十郎左衛門のことであるから、これを聞くと、大いに

驚き、且つ怒つて、十郎左衛門はあわててその門弟を招いた。そして

「今、目前に我家の危機がせまつてゐる。千葉周作が伊香保神社に額面を掲げてしまへば、十何代と續いた由緒のある我家は、當然、滅亡してしまふにきまつてゐる。さて、皆々はこのことについて如何なる意見を持たれるか」と訊きたゞしたので、集つた門弟共は、十郎左衛門に對する情誼上、默つてゐることが出來ず、すぐに檄文を飛ばして、國中の門弟を集めにかかつた。

そこで三月四日を期して、動堂《ゆるぎだう》に集るものが三百餘人あつた。皆、十郎左衛門のために死を覺悟して、納額を妨げようと誓ひ合ひ、益々同志の輩を募りにかかつた。將に、殺氣が上野の國を掩ふてしまつたほどの意氣ごみであつた。

周作はこれを聞いても、これも亦修業の助けとなることと思ひ、少しも驚かず、平然としてゐた。岩井川等屈竟の若者五人を選んで、そして言つた。

「彼等を、恐れる必要は少しもない。が、そのまま打ち捨てて、敵情をさぐらないのも智慧のない話だ。お前たちは今から行つて、よくその様子をさぐつて來てくれ」

さう命令した。その上、一同に方策を授けた。

岩井川力士は体軀が魁偉《くわいゐ》で、力も鼎をあげるほどに强かつた。その身体に三尺八寸もある大太刀

を差し、四尺以上もある木劍に面《めん》や籠手《こて》を結び付け、それを自ら肩にかついで眞先きに進んだ。そのあとに四人の元氣な若者が、思ひ思ひの扮裝《いでたち》をしてつづいた。その堂々とした威風は美事なものであつた。行程二里餘の道で、農夫は畑の中に鍬をとめ、商人どもは道を讓つてこれを見送つた。誰もそれを見たもので、その颯爽たる雄姿に驚かないものはなかつたほどである。

やがて、一行は十郎左衛門の門前に著き、玄關口につつ立つと

「我等は諸國武者修行のものである。眞庭殿の御高名を承つてかうしてやつて來た。一手御指南をしていたゞきたい」と呼《よば》はつた。その聲は破鐘のやうに大きく響きわたつた。

丁度奥にゐた十郎左衛門は、これを聞いても、留守だと詐つて試合ひをしようとしなかつた。

それを知つた岩井川達は心に十郎左衛門の卑怯さを笑ひながら

「ぢや仕方がない。更めて參上しよう。その旨、眞庭殿に傳へてもらひたい」と言ひ、玄關口から悠々と濶歩して、今來た道を歸つて來た。そして周作の前で、その由を逐一報告した。その場にゐ合せた門弟たちは口々に

「それで敵の分際はわかつた。それぢや何ほどのことでもない」と冷笑して、ますます準備を急ぎ、四月の初旬になると、美事な大額面が全く出來あがつてしまつた。そしてやがては、伊香保神

社に奉納するばかりに事が運ばれた。

かうなると世の風評はいよいよ荒々しさを増してきた。

四月六日の早朝のことである。伊香保の木暮武太夫といふ人物が突然に周作の寓居を訪ねて來て

「今朝、岩鼻《いははな》の御役所から御差紙がありました。その仔細はよく分りませんが、お上《かみ》で密かに世上の風聞を探られたのに、眞庭十郎左衛門殿が門弟四五百人を從へて伊香保にやつて來、暴力をふるつて掛額を妨げようとしてゐるとかの噂もありますから、必ずそのことに關する御用と思ひます。どう答へておきませうか。一應、尊慮をお伺ひしたい」と述べた。

周作はそれを聞いて、靜かにこれに

「十郎左衛門にはどのやうな密謀があるかは分らないが、自分には何の所存とてないことである。事件をおこすのは彼であつて、自分ではない。このところを心得て、答辯してほしい」さう言ひ含めた。

武太夫はその意中を諒解して、歸つていつた。ところが間もなく、又武太夫はやつて來て

「唯今、御役所へ出頭しましたところ、眞庭の門下が甚だ不穩の企てをしてゐる、だからこの際無理に奉納はせぬ方がよからう、ひと先づ延期するやうに奉納元へ申しつたへてくれと仰せられま

した。このことをお傳へいたします」と言つた。

周作はそれを聞くと

「用といふのはそのことであつたのか。彼等に、わが門下に對する遺恨があつたかどうかは知らぬことであるが、自分たちにはそのやうな恨みを受ける覺えはちつともない。今は奉納の用意が全くととのつてゐて、今更中止することは出來ない。この上は自分が只一人行つて、奉納しよう。その旨を御役所へ傳へてもらひたい」と答へた。武太夫はこれを承諾して去つたが、やがて又やつて來て

「御役所へ行つて申し上げましたところ、相手が多ぜい待ち構へてゐるところへ只一人行つて奉納しようとすれば、どのやうな變事がおこらんとも限らない、とにかく一時延引あるやうとの御役人の仰せでありました」と告げた。

さうした二度までのお上の命に背くことも出來ず、周作はつひに、一時その奉納を中止しなければならなくなつた。

ところが、眞庭十郎左衛門はそのことを知らずにゐた。四月七日に門弟數百人を率つれて伊香保に來、旅舍十一軒に陣取り、專心、防禦の手段を調へてゐた。無賴の徒一千人あまりが、その十郎

左衛門の儒めに應じて、地藏河原に集合した。そして

「刀劍をもつて戰つたならば、自分たちが幾千人ゐたからとて、たうてい周作方に勝つ見こみはない。この上は鐵砲をもつて打ち取るに越したことはない」と協議して、附近の獵夫の持つてゐた鳥銃を集め並べて、待ち構へてゐた。その物々しさのため、あたりの騷ぎは一と通りのことではなかつた。

周作の門人である佐鳥《さとり》某は、それを聞いて大いに憤慨し、自分が門下生を率ゐていつて、これと戰はうと、意氣ごみを見せた。周作はそれを極力慰め諭しにかかつたけれど、どうしても聞き容れようとしない。かへつて、元氣ある血氣さかんな門下生たちは、佐鳥《さとり》某の企てを當然だといつて迎へ、周作の言動を卑怯とまで言ひ張つた。

かうなれば武士の習ひとして今は止まる時ではない、と周作も斷然決意し、門人を率ゐて、往《い》つて雌雄を決しようと心に定めた。そこには、やがて血河が流れ屍が山と積まれる程の慘劇がくりひろげられるであらう。全く危い一瞬であつた。

しかしたまたま敵の十郎左衛門が伊香保を去つて、自分の村に歸つていつたため、わづかに事なくこの事件も落着を見ることが出來た。

佐《さ》鳥某は十郎左衛門の數々の暴狀を聞いて憤慨にたへず、徒黨を組んでいたづらに世間を騷がせたその罪を訴へ出ようと考へ、周作のそれを諭し止めるのも聞かず、つひに決然として江戸へ登つた。

周作はそれを大いに憂へ嘆いて

「このことが若しお上の沙汰となつたなら、上野の國はきつと劍道禁制の地となるにちがひない。これは誠に慨嘆すべきことである。しかし、事がこのやうになつた以上、またどうしようもないことである。只この上は、證據を蒐集して、それでお上の決裁を待つ外にないことである」と思ひをめぐらし、四月十一日の夜、自分から門弟二三人をつれて、伊香保へ向つた。

途中、伊香保原を過ぎると、鳴立澤のあなたに、月光が澄みわたつて、その景色は何とも言ひ得ない美しさである。それを眺め入つた周作の胸に、詩情が油然と湧きあがつてきた。そこで

ここは別伊香保の原や夏の月

と口ずさみながら、過ぎていつた。かうした騷動のうちに、このやうな風流心がある。全くこの武人にしてこの詩心あること、周作が唯の士にあらざることを物語つて餘りあるところである。

伊香保に著いた周作は、詳細に十郎左衛門等の暴狀の事實を調査した。そして村吏及び見證人の

聞書を集め、やがてそれを携へて江戸に歸つて來た。

反對に十郎左衛門の方では、それを聞いて大いに驚懼し、百方に傳手《つて》を求めて、和解しようと試みた。しかし、その卑劣さを憎んで、誰も、顧みる者は一人もなかつた。それがため十郎左衛門はますます苦境に立つやうになつた。

周作にすれば、性格としてそのやうな無益な爭ひを好まなかつた。江戸で佐鳥某に會ふと、懇々と諭して、その出訴をひきとどめた。そこで佐鳥某も今までの決意を放擲したので、ここに騷擾もやうやく終末を見るにいたつたのである。

その頃に、偶然眞庭十郎左衛門の死去の報せが江戸にまで傳はつた。周作はこれを聞いて、憐れ悼んだ。敵を愛する、眞の武士といふべきである。

周作の諸州漫遊の中、このやうな大葛藤を生じた理由も、要するにその神技鬼術が、地方劍客に秀れて卓拔してゐたことに依るのであつて、力足らない人間の嫉視も亦、周作の前には煙に等しきことを知るべきである。

周作こそ擊劍場裏の常勝男子と稱すべきである。

八、家塾の隆昌

周作は諸國を歴遊してからといふもの、天下無敵の名を弘め、江戸に歸つて道場を日本橋品川町に開き、玄武館と名づけた。教へを受けに來る者が、日一日と數多くなつてきた。

その後、周作は神田お玉ケ池に移つた。そのすぐ隣りに東條一堂の學塾があつた。この塾で文を學ぶものは、來りて玄武館で武を學び、又ここで武を學ぶものは東條の塾で文を學ぶといふふうであつた。それ故、周作は東條一堂と交りを結んだのである。

後年玄武館は一堂が沒したあと、その學塾をも合せて道場としたので、その廣さが一町四方にも及ぶやうになつた。桃井春藏、齋藤彌九郎の二塾と並び稱して、江戸の三大道場といつた。

その中で、劍道の指導が最も要領を得、その教練が最も法則にかなつた上に、技術の進歩の最も著しいものは、この玄武館が第一等であつた。現に他の塾で三年かかる業《わざ》はこの塾に於て一年で功成り、五年の術は三年にして達すとの評判が立つたほどで、來て教へを受けるもの日に日に數を增し、履物《はきもの》はいつも門庭に滿ちあふれ、竹刀木劍の聲ははつしはつしと、遠く數町先きにまで聞えたくらゐである。これをもつても、その隆昌ぶりは想像がつく筈である。お玉ケ池といへばこの玄武館を指し、お玉ケ池の先生といへば千葉周作を指すほどに名聲嘖々たるものがあつたのである。

或る日、醜い顏でしかも片眼《かため》の一老翁が、突然に、その館の中にはいつて來て、玄關前に笑つたつたまま

「於菟《おと》殿は在宅かな」と呼ばはつた。

門弟が怪しみながら室にはいつて來て、周作にそのことを通ずると、周作はにつこりとして

「それは自分の恩人である」と言ひながら自分から玄關へ出て迎へた。

これこそ餘人ではない。陸前の國小田山中の隱遁者孤雲その人であつたのである。

孤雲は諸國漫遊に出たついでに、江戸に來てみると、周作の盛名と、玄武館の隆昌とが思はず耳には入り、喜悅に堪へきれず、あわててここを訪れたのであつた。

孤雲は周作の姿を見るや否や

「珍らしいなあ於菟殿、自分の敎へを守つて、たうとう天下第一の劍客となられた。こんな嬉しいことは二度とない。自分の眼力に狂ひはなかつたぞ」と言ひながら相好をくづして笑つた。

周作は孤雲を室に招じ入れて、久方ぶりの懷しい對面をした。

全く孤雲の先見の明は星を射て、周作はかやうに、既にその英名を天下中に轟かしてゐる。孤雲の人を鑑定すること、刀を鑑定するよりも優れてゐるといふべきである。これも亦、偉人といつて差しつかへない人物である。

孤雲はずつと昔、周作が父につれられて江戸へ發つとき、餞《はなむけ》として鑑定の名刀を周作に與へた。後年周作は名を成すに及んで、他家の寶物を自分の家に藏することの不合理なのを思ひ、その由來を記した一卷を添へてその刀を孤雲の子孫に還した。その寶物は今も尙、その家に傳へ繼がれてゐる。

九、水藩の招聘

周作の雷名は、もう天下四方にとどろいて、敎へを受けに從ふものが雲のやうに多かつた。それがため諸國の大小名諸侯で、辭《ことば》を卑《ひく》くし、幣《たから》を厚くして、周作を招聘しようとする者が數多くあらはれた。

然し、周作にはどうしてでも身を立て出世をしようといふ氣持がなかつたので、皆これを辭退してしまつた。そこで尾張、加賀、薩摩、熊本、津、柳川、福山藩等の諸侯は、特に俸祿《ふち》を多く與へて、その子弟の指南を託する藩が多かつた。

天保六年に、周作は高弟臼井新三郎を伴つて水戸に遊んだ。そしてそこの弘道館で劍の技《わざ》を爭うた。

水戸藩は御三家の一つであつて、早くから文武をもつて天下に鳴りわたつてゐた。その上、藩主であつた中納言齊昭《なりあき》卿は非常に英《すぐ》れた資性を有ち、臣下に文武の道を大いに奬勵したため、藩の士氣は頗る振つてゐた。

周作はその藩の士を相手に武技を試みたのであるが、その技はまるで神のやうに絶妙で、闘ふごとに連勝を博し、その勢ひは破竹のすさまじさであつた。人々は皆口をそろへて

「江戸から生きた天狗がきた。天狗とはこのやうな人物にちがひない」と驚き歎じ合ひ、少年子弟で入門し教へを乞ふものが増えてきた。齊昭《なりあき》卿はこれを聞いて

「我が藩の武藝はまだまだ進歩に立ち遲れてゐる。これでどうして天下國家にこの藩ありと自負することが出來ようか。悲しむべきことである。この上はどうしても周作を召しかかへて、藩士の教導を託するより外に途はない。ぜひさうせよ」と臣下に命じ、手厚い禮をもつて周作を招聘した。

周作はその知遇に感激し、當時、他にも大祿を與へて招かうとした藩があつたにもかかはらず、

断然これを拒んで、水戸藩に仕へることとした。

齊昭卿は大いに喜んで、周作に月俸十人扶持を支給した。次いで天保十二年六月朔日《ついたち》に、更に禄百石を與へ、馬廻りとした。

齊昭卿は、度々周作を傍ちかくに呼んで、その技を觀るを樂しみとした。その妙技に感嘆しては賞めるのが常で、その度に寵遇がますます渥《あつ》くなつていつた。

或る時、齊昭卿は諸侯をその面前にあつめ、新製の大砲を見さしたことがあつた。周作もその席につらなつてゐた。

齊昭卿は
「先づ、周作に見せよ」と仰せられたので、周作は進み出て、大砲をひきよせ、それを手にとつてくるくると廻はしながら、口を見たり胴を眺めたりした。その様子が丁度煙管を扱つてゐるのとちがはぬくらゐの輕やかさなので、一座の人たちは、これは輕い大砲にちがひないと考へた。

周作はやがて一通り見てしまふと
「さあ、拜見なさい」と言つて次の人に渡した。

その人が何氣なく思つて、それを受取らうとすると、砲身が重くて上へ揚らない。思はず取りおとしてしまふと、その反動であたりの壁がぴりぴりと震動して、まるで地震のやうな物音が響いた。

その人は大いに赤面してしまつて、やつと渾身の力を籠めて、それを取り揚げることが出來た。見てゐた人々は、はじめて周作に山を拔き、川を堰きとめる程の力があるのを知つた。

弘化元年五月に、齊昭卿は幕府の譴責《とがめ》を蒙つて、駒籠《こまごめ》の邸に屏居を命ぜられたけれど、それでも尙ほ時々、周作を召して、その武術を觀て樂しみにした。

嘉永四年十月廿八日に、又周作を召した。その時、周作はその四人の子即ち奇《き》蘇《そ》太郎、榮次郎、道三郎、多門四郎とそれに門弟をつれて出頭し、齊昭卿の面前で數番の試合を行つた。

奇蘇太郎等は大いに秘術をつくし、妙技を鬪はせた。末子の多門四郎は、丁度その時十歳であつたが、これも亦妙技を示して人々を驚かせた。

齊昭卿は、特に周作を傍ちかくに呼んで

「汝が常々、子弟を敎育するのに手厚く、そのため、有用の人材を多く出したといふことは、自分の深く感服するところである。又、いま汝の四子を見ると、皆剛健であつて、武藝早業にいたるまで遠く人に拔んでてゐる。特に多門四郎にいたつては、尙ほ幼弱の身でありながら、大人も及ばないほどの技量を備へてゐる。これは生れつきの才のためばかりでなく、汝の日常の教養の宜しかつたがためであり、最も貴むべき點である。若し一旦緩急の場合に出會つたなら、めいめい國家のために大いに奮勵努力して、偉勳をたてるやうに心がけねばならない。それが親として子を導く要訣であり、子も亦親の名を擧げる道である」と賞讃した。

周作は頭を垂れて深く感激し、涙とともに君恩の辱《かたじ》けなきを謝して退出した。後年にいたつて、その四子が拔擢されたのも、思ふに、このことに基因してゐるのである。

これより以前のことである。

仙臺の藩主は周作の名聲並ぶ者ないのを聞いて、老臣を召し

「自分の領内から、かやうな勇者を出したことは、何にも代へがたい本藩の名譽である。この上は他の藩に召抱へられぬうちに、周作を採用せよ」と命令したことがあつた。

それに老臣たちが相協議し、今にも使者を出して周作を召さうとする時になつて、師範役が反對をはじめた。その師範役が口を極めて言ふには

周作なる人物は御領内荒谷村の卑しい民にしか過ぎない。かやうな人間を召抱へて、武術の師範

役とすることは、この藩全體の恥辱である。宜しく取り止められたがよからうと思ふ」と讒言した。

老臣たちはこの師範役の言葉を信じ、藩主に相談して、それをとり止めにしてしまつた。その後、周作が水戸藩の招聘に應じ、父子ともども、手厚くもてなされたことを聞くに及んで、仙臺藩では君臣ともに、周作を任用しなかつたことをひどく後悔した。しかし、もう後の祭りであつた。要するに先見の明がなかつたといふべきである。

嘉永に次ぐ安政年間の江戸は物情騷然たるものがあつた。各所に尊王討幕の聲があがり、澎湃たる新興勢力は抑へようにもその術がなく、勤王派の勇躍こそ目ざましく、新時代の日本建設の礎石をなすものであつた。

時の大老伊井掃部頭直弼は、どうにかして勤王派を彈壓しようと試みつづけてゐた。その頃、水戸藩の浪士と謀つた薩藩の有村次左衛門等の志士十八名は契を固めて、大老伊井の首級を狙つて已まなかつた。勤王の志の厚かつた周作は、早くからその志士等に心を寄せ、特に有村との往來は繁く行はれてゐた。

やがて時が來、機熟して遂に萬延元年三月三日、雪の櫻田門外に、有村等は伊井直弼の首級を擧げて凱歌を奏したのであつた。その背後に周作の力が大きく働らいたことは見のがせぬ事實である。周作が水戸藩の擊劍指南番としてよくその藩士の教導にあたつた事から考へても、勤王派への援助は當然だと肯かれることである。

それと時を同じくして、周作が力を與へて惜しまぬ人物が一人あつた。お玉ケ池の道場に劍を學ぶ門弟のうち、佐伯庄之助といふ靑年がそれであり、佐伯は、時の新伐隊長大島剛三を仇敵と狙つて、日に夜に技を磨いてゐた。

それを知つた周作は、庄之助に向ひ、

「先づ敵に向つたならば、肉を斬らして骨を刺せ、骨を斬らして髓を刺せ、これを忘れてはならん」と手を取り、心血をそそいで教導した。その薫陶の效あつて庄之助は日に日に上達していつた。

間もなく庄之助の仇討ちの日が來た。

それは妙義山奉納試合で關八州の有名な劍士はその妙義山を目指して集つてきた。ここに新伐隊長大島剛三一派は、品性が下劣で狂暴であつたことから千葉道場を破門された龍造寺某と謀り千葉周作を邀擊しようと企ててゐた。

前年の試合に優勝し、今年も亦優勝を期して意氣揚々と周作は、佐伯庄之助外一二名の門弟を率きつれて乘り込んできた。そしてここに、大島龍造寺一派の百數十人を相手として、周作は劍道の極意を發揮して、阿修羅のやうな働らきをした。父の仇を討たんとする庄之助を勵まし「骨を刺し、肉を刺せ」と絶えず庇ひつづけ、たうとう目出たくその本懷を遂げしめたのであつた。將に周作一世一代の得意の場面であつたにちがひない。

十、劍道の奬勵

周作の常に期するところは、天下有用の人材を多く養成しようとすることにあつたので、その心を絶えず門弟の教養に注いで來たのである。それは如何にその門下から英才傑士が輩出したかを見ても分ることであらう。

その頃、擊劍道具の製法は未だ幼稚であつて、粗雜極まるものであり、或は形が大きすぎたり、又はすぐ毀れたりして、使用することが出來なかつた。

周作はこれに著目した。そのやうな不備な品では門弟が稽古を嫌がりはしないだらうかと心配し、永年の自分の經驗から推して、完全な面《めん》、籠手《こて》、竹刀《しなひ》等の型を案出し、職人に命じてこれを製作させた。これから器具が大いに完備して、破損したりすることがなくなり、動作も自由になつたので、人々は悦んで大いに練習を勵むやうになつた。今日の劍道具の完全さも周作の發明努力に負ふところ大といふべきである。

周作が門弟の世話をするのを見ると、丁度自分の子供に對するがやうであつた。誰といつて距てをつけず、同じやうに愛した。毎夜一室に集めて、或は劍道の法則を說いて聞かせ、或は兵法を論究し、自分が多年研究し、切磋して體得した祕訣を、盡く展べ示して、一寸もかくすところがなく、惜しむやうなこともしなかつた。そのために、門弟たちは大きい稗益を受けることが出來、才能を一層研くことが出來た。

周作は又門弟たちの技術を奬勵しようと思ひ、毎年歳末には大試合を行つて、その成績の優劣で、席次の高下を定めた。その間に少しの情實を加へようとせず、場合によつては貴公子の方がかへつて、その腕前の劣るため、貧賤者の下になることがあり、或は年若い者が年長者の上位置を占めることもあつた。であるから、貴とか賤とか、長とか幼とかの區別はちつともなく、皆門弟となつた以上、孜々として業を修めることに熱中し、その技を練つて人に負けまいと努力するやうになつた。

そのやうであるから、その技術の進歩はずんずん目に見えて恐ろしいほどであつた。修練を積むことが僅か數ケ月で、もう技量の拙劣な者は見當らぬくらゐであつた。

その中でも海保帆平《かいぼほへい》、大羽藤藏、庄司藤吉、井上八郎、塚田孔平、稲垣定之助等の劍士はその伎倆最も抜群で、皆それぞれ一家をなしてゐた。

又、幕末の志士坂本龍馬、淸川八郎など千葉周作の門から出たのであり、櫻田の志士有村治左衛門も同門の出身と言ひ得るのである。

周作が晩年になると、海保帆平等の門人たちは自分等の名聲がぐつと高くなつたので、段々自慢の心を懷くやうになつてきた。そしてお互ひに

「麒麟も老いては駑馬に及ばないといふ言葉があるが、全くその通りだ。先生の武術が絶倫だといつても、もう既にお老年のことであるから、今では恐れるにも當らない。自分たちの方がぐつと腕が上つてゐる」とひそひそと囁《ささや》き合つた。

その事が、いつの間にか、周作の耳にはいつてしまつた。周作は、弟子等の驕《おご》りたかぶつたその氣持が身を誤る根本であることを心配し、或る時、それ等高足の門弟を集めておいて

「近來、見てゐると諸君の伎倆はますます進歩したやうに感ぜられる。因つて今日は一つ、自分

が試合をしてみようと思ふ。各自、自分が師だからといつて徹遠するやうなことなどなく、充分に伎倆を示して闘つてほしい」と言つた。
それを聞いた諸高弟は、互に顏を見合はせて
「今日こそ、祕術を盡して、老先生に勝つてやらう」と勇み立つて、交るがはる出て來ては試合をした。その鋭い太刀先きは平生に倍してゐるやうに見えた。
周作は老いたとはいつても、まだまだその身心には千里を走るほどの能力がある。一度び竹刀を提げて周作が道場にあらはれると、その意氣は凛々として、場内をぴたりと壓する重々しさが感じられた。
諸高弟はことごとに打ち負かされて引さがつてしまひ、老いて益々壯んな周作の氣慨に皆驚き入つてしまつた。
試合をすましたあとで、周作はきつと容を正して
「諸君の技術は今進歩しつつある途中である。至極至妙の域に達するには、まだまだ前途遼遠である。しかし、諸君は元來進步發展するだけの充分な素質を備へてゐるのだ。だから日々勵みつづけてゐれば、名人の地位にのぼることもむづかしいことではない。只、それに一度び自負する心や

驕りの氣持が起つたならもう駄目である。その伎倆は決して進歩しないどころか、かへつて退歩してしまふであらう。これが恐るべき點である。最も戒しむべき點はここである。諸君、どうか、今日の小成に滿足せず、明日の大成を期して大いに奮勵していたゞきたい。日日の戒心こそ身を修めるに缺くべからざる要訣である」と告げ、諄々と訓戒を與へたので、諸高弟はみな背に汗をながして恥かしく思ひ、師の暖い訓戒に感泣したほどであつた。一座は寂として聲なく誰も首をあげる者はなかつたといふ。

それから弟子の間に驕慢に流れる者が影を絶つた。皆、この師訓をよく守りとほして、技の道に勵みつづけた。

周作の門弟を敎育した數は、全部で五六千人は下らなかつた。嘉永年間に、淺草観音堂の奉納額の面に氏名をつらねた者だけでも、實に三千六百餘人に上る。それだけでも如何に弟子の多かつたかを知り得るのである。

周作は常々

「天竺の釋迦は弟子三千人持つてゐた。孔子の弟子も三千人あつたと聞くが、この自分までが、それと同じ數の弟子を持つことが出來たといふのは、何といふ幸せなことであらう」と屢び語つたといふことである。

宗教文武兩道を通じて、多くの弟子を持つてゐた例しは古今を通じて甚だ少く、外に聞くことが出來ない。我國では周作以外に例を持たない。それをもつてしても、如何に周作が、邦家に對して貢献し盡力したかは想像がつくのである。

十一、劍聖の逝去と一門

周作は水藩に十餘年の永い間仕へた。

齊昭《なりあき》卿が逝去した後、中納言慶篤《よしあつ》卿が藩主となつたが、この方はますます周作を信任し、その四子にも亦祿を與へてこれを召し抱へた。安政二年十一月二十九日に、周作は拔擢されて中奥《なかおく》となつた。同じ年の十二月十日に病んで沒した。享年六十二であつた。淺草誓願《せいがん》寺内の仁壽院の墓地に葬られた。（現在、武藏野線豐島園《としまえん》の東方、同寺中墓地にある）諡號《おくりな》を高明院勇譽智底教寅居士といふ。

妻小森氏との間に四男一女があつた。長子奇蘇太郎は早く死し、次の榮次郎は別に家を立て、三男の道三郎が家系を繼いだ。末子の多門四郎も亦別に家を立てた。一女の名は金《きん》といつた。芦田氏のもとに嫁した。

周作は風貌が魁偉であつて、身長は六尺に近かつた。顔が長くて眉が秀で、背も亦長くて鼻が高かつた。その眼光は烱々と輝いてゐて人を射るほどに光つた。左右の兩手を下にさげると、膝に及ぶほども長く、身體を曲げて四肢を四方に開くと、二疊間の四隅《すみ》に達したといはれてゐる。その風采は堂々としてゐて、犯すべからざるほどの威嚴をそなへてゐた。

周作は怪力を持つてゐた。或時、厚さ六寸もある碁盤を片手に握つて、それを打ちふり五十目掛の蠟燭の火をあふり消したことがある。又伊香保で蛟龍《かうりう》を退治して、住民の害を除いてやつたことがある。周作が屠龍《とりう》と號したのもこれに原因してゐる。

角力《すまふ》は組打の技に益するところがあるといつて、周作は平生から好んで相撲《すまふ》をとつた。その力量は幕下の力士を打ち負かすくらゐであつて、武者修行をして、諸國を漫遊した時など、何度も力士とまちがへられた。それほど怪力を持ち、偉大な體軀を備へてゐた。

周作は武のみでなく、平生から文學を愛し、諸州を漫遊するのに必ず日記を記した。それがつもつて數卷になつた。筆致が輕妙で、自分から巧《たく》まずして自然に巧みな筆力を備へてゐた。

又、和歌、俳諧を嗜み、狂歌をつくるのを好んだ。門弟教養といふ業務の忙しい中で、感興が湧くと、忽ち吟詠し、即興の作品を書き殘してゐるが、その中にもなかなか秀れたものがある。

門人で高橋喜惣次《きそうじ》といふものが、或る時畫工に命じて周作の肖像を描かせた。そして周作に賛辭を乞うた。

周作は筆をとると、その繪に

夫劍者瞬息《それけんはしゆんそく》　心氣力一致《しんきりよくいつち》

の十字を書いた。

これこそ周作が劍道に對した要訣であつて、その精神はこの二句に盡きてゐる。この道に志す者は宜しく、この心をもつて奧義を悟らねばならない。

周作の一門は皆劍道を以て世に有名である。珍らしき事といふべきである。

長子奇蘇《きそ》太郎は名を孝胤《たかたね》といひ、初め彥太郎と呼んだ。嘉永六年十月二十三日に御床机廻りの役を命ぜられ、安政二年二月十四日、周作に先だつて夭折した。年二十一歲であつた。姫路藩の醫者向井《むかゐ》元常《もとつね》の女を娶り一子一彌太《やた》を生んだ。

次の榮次郎は名を成之《なりゆき》といひ、嘉永六年五月十九日に定江戸《ぢやうえど》小十人組を命ぜられ、安政二年十一月二十九日に馬廻り組となつた。萬延元年八月、君侯に從つて歸國した。文久二年正月十一日に大番組《おほばんぐみ》に進み、同月十二日に歿した年三十歳の時であるその夭折は惜しむべきことであつた。

榮次郎は父を凌ぐ劍道の達人であつて、俗に千葉の小天狗と謳はれた天下無敵の劍士であつた。坂本龍馬と深い交りを結び、國事に奔走したことは特記すべきである。

榮次郎は安中《あんなか》藩士海保順元《ゆきもと》の妹大を娶り、二男を生んだ。長子を周之介之胤《ゆきたね》といひ、家を繼いだ。文久二年三月九日に金十兩五人扶持を賜つて、小普請《こぶしん》組に列せられた。熊木《くまき》氏の女を娶り、五男五女を擧げた。大正二年十月三日に歿した。その時、年五十八歳であつた。長子榮一郎がそのあとを繼いだ。

三子道三郎は名を光胤《みつたね》といひ、安政二年十一月二十九日に床机廻り役を命ぜられた。その後になつて幾等も經たぬうち父周作の死に遭ひ、三年二月四日に、家を繼いだ。祿百石を襲うて小普請組になり、五月朔日に、定江戸馬廻り役を仰せつかつた。四年六月に、武藝指南の勞を賞せられて、白銀三枚を賜つた。六年十二月に、大夫人《たいふじん》貞芳院《ていはうゐん》に從つて水戸に歸つた。文久二年正月十一日に大《だい》番格《ばんかく》にすんだ。三年二月に侯に扈從して江戸に登つた。

明治五年八月十七日に歿した年數三十八歳であつた。水戸藩の立原朴《へちはらぼく》次郎の妹を娶り、二男二女を生んだ。長子を勝太郎といひ、名を勝胤《かつたね》と呼んだ。この人が家を繼いだ。

四子多門四郎は名を政胤《まさたね》といつた。萬延元年七月二十一日に、合力《がふりき》三人扶持を賜つた。八月に君主に從つて國に歸つた。文久元年十二月二十九日に年二十四で夭折した。

周作に一兄一弟のあつた事は前に述べた通りである。

その兄の又右衛門は名を成道《なりみち》といひ、武州岡野侯安部攝津守信古《のぶひさ》に仕へて、劍道師範役となつた。理由があつて氣仙の須藤家を嗣ぎ、その後、塚越氏に變つた。安政五年十一月二十七日に、年七十歳を以つて歿した。

その子又右衛門成直《なりなほ》が家を繼ぎ、君侯に從つて參河國に移つた。明治五年七月十二日に歿した。年五十四であつた。この人に三人の子があり、長子を成男《なりを》、次男を至《いたる》といつたが、共に夭折した。三子三治《ち》が嗣《あと》を繼いだ。

周作の弟定吉は名を成胤《なりたね》といつて、劍道の達人であつた。常に周作を輔佐して、内外の事を處理して、後顧の憂ひをなからしめた。玄武館が隆盛を來したのも、この定吉たのめであるといつて差しつかへない。

定吉は京橋桶《をけ》町に道場を構へてゐたため、江戸の人々はこれを桶町の千葉と呼んで、お玉ケ池周作と區別した。後、鳥取《とつとり》藩に招聘せられた。明治十二年十二月五日に歿した。

その子十太郎が家道を繼いだ。十太郎は名を一胤《かずたね》といひ、專ら王事に勤めた。明治十八年五月七日に歿した。同四十年、生前の功により、特に正五位を賜はつた。この人に一女があり、名をしげといふ。同藩の士喜多《きた》六藏の男束《つかね》を養子として嗣《あと》を繼がせた。

十太郎の後に一人の妹があつた。この人は名を乙女《おとめ》といひ、後ちさな子と改めた。容色すこぶる優れてゐた。父兄に似て、劍道に熟達し技量は男子にも負けなかつた。十六歲の時、高松侯夫人の前で、武技を試み、大いに賞讃されて名聲をあげた。後、土佐の志士坂本龍馬と婚約したが、その禮を擧げる前に龍馬が刺客に殺されたので、さな子は緣を喪つた。しかし、貞操を固く守つて、遂にさな子は終生、獨り身をとほした。烈女と稱すべきである。

かやうに周作の一家一門ことごとくが、皆劍道に練達してゐた。これはまた世間にその例を見ないところであつて、後裔の榮譽とすべき傑れた家系といふべきであらう。

跋

千葉周作の傳記を完成することは、今の私の切なる念願でありますが、序文にもある通り、玄武館は數度の火災に遭ひ、遺物の大部分を失ひ、更に大正の大震火災によつて、その殘りの殆ど全部が灰燼に歸し去つた爲め、資料の貧困を喞つて居る狀態であります。
然し彼の門人は數千名に上り、その足跡は中山道から常陸に及んで居た樣でありますから、必ずやこの地方に未だ殘つて居る資料もあることゝ思ひます。若し御承知の方がありますならば、私の事業を御援助下さる特別の御好意をもつて本書發行所氣附編者まで御一報賜らば幸甚に存じます。

編　者

昭和十七年三月五日印刷
昭和十七年三月十日發行
昭和十七年五月十五日第二版

（出文協ア
7014）

千葉周作遺稿

定價金貳圓五拾錢
（三、〇〇〇部）

編輯者　東京市小石川區林町四十一番地　千葉榮一郎
發行者　東京市小石川區丸山町十一番地　小谷實
印刷者　東京市小石川區丸山町十一番地　鈴木福次
印刷所　東京市小石川區林町四十一番　洋文社印刷所
發行所　櫻華社出版部
文協會員番號一〇五〇三三番
電話大塚五六七一番
振替東京八二七九五番

配給元
日本出版配給株式會社
東京市神田區淡路町二ノ九

小店出版物中、萬一不完全な物（落丁、亂丁等）がありました場合には直ちに御取替申上げますから御手數乍ら御申出下さる樣御願ひ致します。

〈復　刻〉

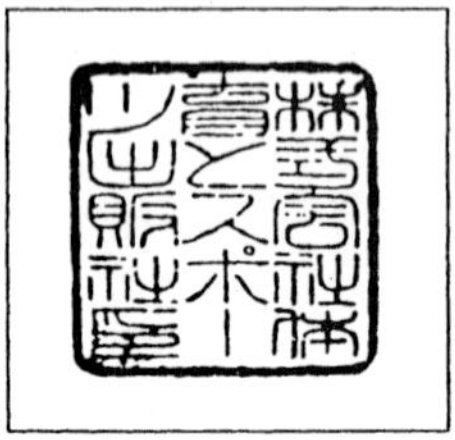

千葉周作遺稿（オンデマンド版）

二〇〇五年五月十日発行

編　者　千葉榮一郎

発行者　橋本雄一

発行所　㈱体育とスポーツ出版社
東京都千代田区神田錦町二—九
電話　（〇三）三二九一—〇九一一
FAX（〇三）三二九三—七七五〇

印刷所　㈱デジタルパブリッシングサービス
東京都新宿区西五軒町一一—一三
電話　（〇三）五二二五—六〇六一

ISBN4-88458-220-9　Printed in Japan　AC861